내 아이의
미래
일자리

4차 산업혁명 시대의 부모가 알아야 할

내 아이의 미래 일자리

초판 1쇄 발행 2017년 6월 1일
초판 2쇄 발행 2017년 8월 30일

지 은 이 안택호
발 행 인 권선복
기록정리 조정아
편   집 천훈민
디 자 인 최새롬
전 자 책 천훈민
마 케 팅 권보송
인   쇄 천일문화사

발 행 처 도서출판 행복에너지
출판등록 제315-2011-000035호
주   소 (07679) 서울특별시 강서구 화곡로 232
전   화 0505-613-6133
팩   스 0303-0799-1560
홈페이지 www.happybook.or.kr
이 메 일 ksbdata@daum.net

값 15,000원
ISBN 979-11-5602-497-2 03320

Copyright ⓒ 안택호, 2017

도서출판 행복에너지는 독자 여러분의 아이디어와 원고 투고를 기다립니다. 책으로 만들기
를 원하는 콘텐츠가 있으신 분은 이메일이나 홈페이지를 통해 간단한 기획서와 기획의도, 연
락처 등을 보내주십시오. 도서출판 행복에너지의 문은 언제나 활짝 열려 있습니다.

이 책은 방일영문화재단의 지원을 받아 저술·출판 되었습니다.

4차 산업혁명 시대의 부모가 알아야 할

내 아이의
미래
일자리

안택호 지음

도서
출판 행복에너지

– 권 대 봉 (고려대 교육학과 교수 · 한국직업능력개발원 제5대 원장)

아이의 미래를 만드는 것은 교육과 환경이다. 아이가 어떤 태도로
교육과 환경에 임하느냐에 결정적인 영향을 미치는 사람은
부모이다. 맹모삼천의 고사가 결정적인 증거이다. 교사 또한
아이의 미래 만들기에 지대한 영향을 미친다. 그러므로 아이를
기르는 부모뿐만 아니라 아이를 가질 신혼부부, 그리고 학생을
가르치는 교사뿐만 아니라 교사가 되려는 대학생에게도 일독을
권하고 싶은 책이다.

– 김 병 일 (도산서원 원장, 도산서원 선비문화수련원 이사장)

4차 산업혁명시대를 살아가는 우리들이 인공지능에게 결코 내주지
않는 자리는 바로, 인간만의 따뜻한 가슴이다. 우리는 이 따뜻한
가슴을 지닌 아이들을 길러야 한다. 세 살 버릇 이제는 백 세까지
간다. 가정에서, 특히 어머니가 몸소 보여주는 실천이 아이들의
인성과 태도, 삶의 방향을 이루는 큰 뿌리가 된다. 말로 하는
지식교육이 아닌 행동으로 보여주는 지혜의 가르침을 이 책에서
함께 나눠보길 바란다.

– **윤 석 민** (서울대 언론정보학과 교수)

지금으로부터 27년 전, 미국 중서부에 위치한 미시간 주립대학교 커뮤니케이션 박사과정 재학 당시 석사과정 연수를 온 안택호 PD를 처음 만났을 때 "이 사람은 조금의 허식도 없이 참으로 진솔하구나."라는 점을 단박에 알았다. 날카로운 눈매에, 대개는 진지하지만 동시에 얼굴 가득 사람 좋게 웃을 줄 아는 그의 모습은 그의 속 자체였다. 한국에 돌아와서 짧지 않은 세월 동안 그와 이런저런 만남을 이어가면서 이 모습은 한결같았다. 이번에 그의 책 『4차 산업혁명 시대의 부모가 알아야 할 내 아이의 미래 일자리』에 대한 추천사를 부탁받고 원고를 읽으며 받은 느낌도 어쩌면 그렇게 일관성이 있는지… 누구나 한두 권의 책을 내는, 책이 참으로 흔한 시절이 되었다. 그중에서도 흔하디흔한 게 미래 트렌드 분석과 자녀교육 관련 서적이다. 하지만 이 책이 특별하다는 점을 분명히 말할 수 있다. 이 책에는 오래전 새파란 PD시절에서부터 지역 방송사 대표가 되기까지 내가 지금껏 보아온 그의 모습이 그대로 담겨 있다. 미래 트렌드 분석과 자녀 교육은 내가 그를 만나면 나누는 대화의 시작이자 끝이었다. 그는 이 책에 적은 그대로 앞날을 대비했고, 이 책에 적은 그대로 그의 두 아이들을 키웠다. "미래"와 "자녀" 문제로 고심하는 모든 이들에게 가치 있는 일독이 될 것이다. 누구보다 그가 이 추천사가 허식이 아니라는 걸 잘 알 것이다.

– 전 진 국 (KBS 부사장·전 KBS 예능국장, 편성본부장)

"좋은 부모가 되기 위해서는 부모가 사는 오늘의 시각이 아닌 자녀가 살아갈 미래의 시각으로 생각해야 한다"는 지론을 갖고 있는 안택호 사장이 자신의 두 자녀를 기르는 동안의 경험과 고민을 책으로 펴냈다. 내가 예능PD생활을 하면서 항상 창의성과 문제해결능력의 중요성을 절감했는데 이 책에서는 창의성과 문제해결능력이 미래사회에서는 요즘 세상보다 더 많이 필요하다는 것을 강조하고 있다. 자녀의 성공과 행복한 삶에 대해 생각하는 모든 부모들에게 이 책은 현실적인 가이드라인을 줄 것이다.

– **황 호 택** (동아일보사 고문·전 한국신문방송편집인협회 회장)

나는 대학을 졸업하고 36년 동안 한 회사에서만 일했다.
잡 인터뷰를 한 번밖에 안한 셈이다. 미래시대에 이런 인생은
골동품이 돼버릴 것이다. 우리 시대에는 법조인, 의사를 최고
안정된 직업으로 쳤으나 지금은 사무실도 못 꾸리는 의사,
변호사들도 부지기수다. 앞으로 AI(인공지능)가 가장 먼저 침탈할
직역이 의사, 변호사라는 예측도 나온다. 저자가 두 자녀의
미래직업에 대해 고민하고 경험한 내용을 정리한 이 책은 자녀의
미래직업을 고민하는 부모, 첫 일자릴 찾아야 하는 젊은
청년들에게 로드맵이 될 것이다.

목차

하나. 뉴스를 통한 미래 읽기

둘. '新판게야'에서 살아남기

셋. AI시대에도 유효한 우리 아이 성장 로드맵

넷. 미래 인재를 탄생시키는 위대한 부모

뉴스로 읽는 '현재가 될 미래'

미래는 냉혹하나 제어할 수 있다.

– 쑤옌·허빈 –

내가 미래학에 대해 관심을 가진 것은 약 27년 전인 1990년, 회사에서 선발돼 미국 미시간 주립대학MSU 대학원에 진학했던 즈음이었다. 방송 및 다채널경영학 석사 과정을 공부하는 동안 새로운 미래를 준비하는 미국인들의 모습을 보면서 전율을 느낄 수밖에 없었다.

부러움과 동시에 좌절감을 느껴야 했다. 당시 우리나라는 미래학에 대한 개념 자체가 거의 없었다. 그에 반해 이미 미국은 미래에 대비하는 여러 가지 개념들과 연구가 한창이었다. 그런 모습을 보고 느꼈던 놀라움과 경탄은 공부를 마치고 한국에 돌아온 이후에도 꽤 오래도록 내 뇌리에 남아 있었다.

최근에 방송사 미래전략실장을 맡으면서 본격적으로 미래학에 관심을 기울이기 시작했다. 사실 미디어 산업만큼 변화에 민감한 영역도 없었기에 언론 종사자로서 내가 미래학을 공부하는 것은 지극히 자연스러운 일이었는지도 모른다. 하지만 내가 미래를 읽으려고 노력한 이유는 단순히 내가 언론인이라는 사실 때문만은 아니었다. 두 아이를 키우는 아버지로서도 미래변화가 내 자식들에게 미치는 영향을 알고 싶었다. 당장 내 아이들이 어떻게, 무엇을 공부해야 하는지를 알고 싶다는 소박한 바람은 아이들이 살아갈 미래에 어떤 기술이나 사회문화 현상들이 생길까를 탐색하는 계기가 되었다.

그런 것을 알아야만 아이들이 전공과 직업을 선택할 때 제대로 된 조언을 해줄 수 있을 거라고 생각했다. 내 아이들이 안정되고 행복한 삶을 살기 위해서 미래에는 어떤 직업군이 뜨고 지는지를 찾아볼 필요도 있었다. 이렇듯 미래학은 일상에서 괴리된 심오한 학문이 아니다. 내가 앞으로 맞이할 삶과 내 아이들의 삶을 준비하기 위해서 공부해야 할 응용과학[1]이다.

....

1 배규한, 『미래사회학: 미래연구와 21세기 설계』

생존을 위해 미래를 읽어야 한다

내가 4차 산업혁명 같은 미래를 접하고 배우는 매체는 미래학 관련 전문서적을 제외한다면 주로 신문이나 방송 같은 미디어들이었다. 나는 거창한 미래학 공부를 권하는 것이 아니다. 신문과 방송의 뉴스를 꼼꼼하게만 챙겨도 미래가 어떻게 바뀌어 갈지를 잘 알 수 있다. 그런데 문제는 요즘 젊은 세대들이 거의 신문을 읽지 않는다는 것이다. 사실 요즘 젊은이들은 활자에 익숙하지 않다. 그들은 영상이나 이미지로 소통하는 세대다.

설상가상으로 예전과 다르게 매체로서의 신문의 매력도는 한참 떨어져 있다. 하지만 인터넷을 자유롭게 접속하고 향유하는 세대들이기 때문에 온라인으로 접하는 뉴스는 충분히 챙겨볼 수 있으리라 생각한다. 또한, 영화나 다큐멘터리 등 영상물을 먼저 보고 호기심이 생기면 다시 미래를 다룬 뉴스나 전문서적에서 관련 내용을 찾아보는 식으로 '미래 읽기'를 시도하는 것도 좋다. 아예 모르는 것보다 어느 정도 알고 관심 있어 하는 분야의 텍스트는 쉽게 읽힐 테니까 말이다.

무엇보다 가정에서 부모가 솔선해서 활자 매체와 친숙한 모습을 자녀에게 보여주는 것이 중요하다. 특히 어린 자녀에게 신문을 읽히고 싶다면 다큐멘터리 영상물을 먼저 적극적으로 활용하여 호기심을 유발하는 것을 추천하고 싶다.

한 치 앞도 모르는 미래는 냉혹하게 우리를 낭떠러지로 떠밀 수 있다

"미래는 미래를 준비한 자에게 온다."

아서 C. 클라크의 말처럼 진화해 가는 현실에서 다가올 미래는
새로운 시대를 적극적으로 설계하는 사람의 몫이 될 것이다.
그런데 뭘 알아야 제대로 계획하고 설계할 수 있다.

트렌드는 '만들어지는 것'이다. '미래'는 '현재'에 의해 창조되는
것이다. 미래에 대해 사람들이 갖는 비전, 그리고 그 실천에 따라
미래는 충분히 달라질 수 있다. 트렌드를 좇는 사람이 아니라
주도하는 사람이 돼야 한다.

과거 역사에도 그랬다. 미래변화와 시대에 흐르는 각각의 주요한
트렌드를 제대로 읽었던 사람은 승자가 되었고, 유연하게
미래변화에 대비한 기업은 거대기업으로 거듭날 수 있었다. 하지만
미래변화를 읽지 못한 자는 결국 패배자가 되었고, 머뭇거리고
변화를 외면했던 기업은 서서히 사라졌다.

미래를 준비하려면 긍정적인 마인드, 유연한 사고, 작지만 꾸준한 실천력이 필요하다

우려스럽게도 많은 사람이 미래를 계획하지 않는다. 앞으로

펼쳐질 엄청난 미래를 잘 모르기 때문이다. 무식하면 용감하다. 안다면 엄청난 여파를 가진 미래의 파고 앞에 어찌 이리 고요하게 서 있을 수 있을까?

교육 당국도, 학교도, 학부모들도 움직이지 않는다. 미래변화 트렌드를 읽지 못한 채로 있다가 알파고에 인간이 졌듯 언젠가 한 방 제대로 먹을지도 모른다.

미래에 '국가'라는 장벽은 사라질 것이다. 전 세계 곳곳이 내 자녀의 일터가 되는 세상이다. 정년이라는 단어도 사전에나 등장하는 용어가 될지도 모른다.

미래 사회에서는 어떤 능력이 높은 평가를 받고 중요하게 여겨질까? 의미 있고 가치 있는 일을 하면서 살기 위해서는 어떤 노력이 필요할까? 많은 이들이 이 책을 읽으면서 함께 고민해 봤으면 좋겠다.

미래를 준비하는 것은 미래변화를 절실하게 받아들이는 사람의 몫이다. 머지않아 현재가 될 미래를 감지하기 위해서는 부지런히 안테나를 세우고 있어야 한다. 촉수를 예리하게 가다듬다가 움직임이 보이는 곳에 재빨리 갖다 대야 한다. 그 촉을 가는 데 제일 좋은 숫돌이 바로 '신문과 방송 뉴스'라고 필자는 확신한다.

열망하는 것이 바로 미래가 된다

내 자녀에게 좋은 미래를 선사하고 싶은가?

내 자녀가 다가오는 미래 사회를 두려워하지 않으면서 자신을 가치 있게 만들고 행복감을 느끼게 하는 직업을 가지기를 원하는가?

그렇다면 부모들은 부지런히 앞으로 다가올 미래를 정확하게 예측해야 한다. 이를 위해서는 미래에 대해 알려주는 세상에 산재한 여러 정보와 지식을 잘 취합해서 자녀들에게 섭취시킬 필요가 있다. 이 책이 이런 생각의 단초를 제공하는 계기가 되었으면 좋겠다. 이 책을 통해 미래를 어떻게 준비하고 자녀 교육을 어떻게 해야 할까에 대한 로드맵을 얻어가기를 바란다.

하나.

뉴스를 통한
미래 읽기

'새로운 시대정신을 찾아서(Mapping the ZEITGEIST)[2]

4차 산업혁명이 일상 곳곳에서 이미 그 모습을 드러내고 있는데도 불구하고 우리나라의 교육
당국, 학교나 학부모들까지도 제대로 관심을 기울이지 않고 있는 실정이다.
당장 우리나라를 지배하고 있는 지정학적 위기, 인구절벽, 경제 불평등, 사회적인 갈등,
정치적 불안 등 다양한 불확실성을 해소하기 위해서는 '미래', '미래학', '미래 교육'에 대한
진지한 탐색이 오히려 더 절실한데도 불구하고 말이다. 세계 다른 나라들이 부지런히 미래를
예측하고 차세대들의 교육방법에 골몰하는 것과는 매우 다른 모습이다.
미래를 제대로 읽어내지 못하고 대비하지 않으면 큰일 날 수 있다. 교육 측면에서만 봐도
미래를 제대로 준비하지 않으면 우리 자녀들은 전 세계의 아이들과 일자리 경쟁에서 밀릴
수밖에 없다. 실시간으로 업데이트되는 지식과 정보를 가르쳐야 하는데도 불구하고 전통적인
교실에서 이미 쓸모가 없어진 몇십 년 전 낡은 정보를 주입하고 과거의 학습법을 고수한다면
세계를 놀라게 했던 대한민국의 성장 신화와 경쟁력은 더 이상 기대할 수 없다.
우리와 내 자녀에게 다가오는 미래가 장밋빛 내일일지, 묵시록적인 저주가 될지는 가장 먼저
미래를 정확하게 읽어내고 예측하는 것에서 갈려질 것이다. 이 장에서는 미디어에 나타난
여러 가지 '미래'의 모습들과 그 의미, 그리고 이것이 미래를 살아갈 아이들에게 미치는
영향을 다룬다.

· ·

4차 산업혁명은
이미 시작됐다

이미 4차 산업혁명은 우리 생활 곳곳에 침투해 '지각변동'을
일으키고 있다. 올여름 한국을 비롯한 전 세계를 휩쓴
'포켓몬GO' 신드롬은 증강현실 기술을 게임에 접목한
결과다. 지난 3월 세계 바둑 챔피언 이세돌을 꺾은 구글의
인공지능 알파고는 한국인에게 4차 산업혁명의 위력을
실감케 하는 '선봉' 역할을 했다. 자율주행 차, 스마트
오피스, 로보어드바이저[3] 등 오늘날 나온 최첨단
제품·서비스 절대 다수가 ICT와 연관돼 있다. 전자, 자동차
등 전 산업이 4차 산업혁명 여파를 피할 수 없다. 이로 인해

3 로보어드바이저란 로봇을 의미하는 '로보(Robo)'와 자문 전문가를 의미하는
'어드바이저(Advisor)'의 합성어로 고객의 정보를 바탕으로 알고리즘을 활용해 개별
투자자에게 최적화된 자산배분 포트폴리오를 추천하고 자산을 관리해 주는 자동화된 서비스

우리 일상생활의 질이 전례 없는 수준으로 높아지겠지만
동시에 사용자인 사람의 일자리가 대폭 줄어드는 등
부작용을 피할 수 없으리란 우려가 거세다. 분석과 소통 등
인간의 복잡한 정신노동마저 기술이 대체해 종전의 수많은
직업이 사라질 것이라는 지적이다. 21세기를 사는 우리가
4차 산업혁명을 '남 일' 취급하고 넘길 수 없는 이유다.

[미지의 거대한 물결… 4차 산업혁명 (매일경제 '16.11.3)]

쓰나미급의 파급력과 속도를 갖고 있는 4차 산업혁명

'4차 산업혁명[4]'이라는 말을 한 번쯤은 다들 들어봤을 것이다.
뉴스나 책에서 숱하게 등장하는 단어니까. 하지만 정확히
그 의미나 내용을 알고 있냐는 질문을 던지면 대부분 사람들은
머뭇거리면서 제대로 대답하지 못한다. 제대로 이해를 못하는 것이
당연하다. 왜냐하면 학자나 기업가들 사이에서도 아직 의견이
분분한 개념이기 때문이다. 심지어 '4차 산업혁명'을 실체가 없는
일종의 트렌드라고 치부하는 사람들도 있다.

....

4 4차 산업혁명이란 2016년 1월 스위스 다보스에서 열렸던 제46차 세계경제포럼에서 클라우스
   슈밥 세계경제포럼 회장이 꺼내면서 본격적으로 조명 받은 말이다. 명확히 정립된 것은
   아니지만 4차 산업혁명은 3차 산업혁명을 기반으로 한 디지털과 바이오산업, 물리학 등의
   경계를 융합하는 기술혁명으로 정의된다.

"이렇게 확실하지도 않은 미래의 변화를 위해 학부모나 자녀들이 지금부터 준비해야 할까요?"

이 질문에 대한 내 대답은 '그렇다.'이다. 왜냐고? 그 이유는 '4차 산업혁명'은 그 이전의 1차·2차·3차 산업혁명과는 비교도 할 수 없을 정도로 빠르게 우리를 덮칠 것이기 때문이다. 그 속도나 파급력은 이전의 산업 혁명과는 확실히 다르다.

물론 정보 유통의 속도를 획기적으로 늘린 구텐베르크 활자 혁명(1차), 방직기술이나 증기기관과 같은 동력으로 움직이는 기계를 사용해 생산성을 배가시킨 산업혁명(2차), 컴퓨터와 정보기술을 바탕으로 한 디지털 혁명(3차) 모두 과거 시대보다 삶을 빠르게 변화시켰었다. 그 혁명들이 사회와 경제, 인간의 삶으로 번지고 정착하는 데는 어느 정도의 시간이 걸렸었다. 하지만 인터넷과 컴퓨터 관련 기술을 바탕으로 한 4차 혁명은 완전히 다르다.

인터넷을 모르던 세대와 활용하는 세대와의 차이를 한번 생각하면 쉽게 이해가 갈 것이다. 편지와 전자메일의 차이를 생각해보라! 백과사전을 펼쳐보던 사람들과 검색어 하나만 포털에 쳐도 금세 관련 정보들이 고구마 줄기처럼 나오고 새로운 정보까지 가미되는 집단지성을 누리는 사람들의 삶은 격차가 엄청나다. 휴대폰과 SNS 때문에 사회적 소통 방식이 근본적으로 달라졌다.

뜨거운 한류 열풍도 ICT[5]의 산물이다. 싸이의 '강남스타일'이
인터넷이나 유튜브가 없었다면 과연 그렇게 빠르게 전 세계적인
인기를 누릴 수 있었을까?

그런데 4차 산업혁명은 이렇게 빠른 복제와 재생산이 가능한
인터넷과 ICT 기술을 기반으로 다른 기술과 산업을 연결하니까
그 속도는 거의 쓰나미급일 것이다.

4차 산업혁명의 특징을 나타내는 키워드: '융합', '네트워크'

'융합(뭉치고)'과 '네트워크(연결된)'라는 개념이 구현된
4차 산업혁명의 모습은 이미 우리 일상 곳곳에 침투해 있다.
단순하게 예를 들면 장을 보기 위해 마트에 간 주부가 핸드폰을
통해 가스레인지 잠금 여부나 집에서 노는 어린아이 모습을
실시간으로 확인할 수 있는 것도 이런 4차 산업혁명 덕분에
가능해졌다.

핸드폰과 집안의 각종 전자기기나 화상 장치와 같은 사물과 ICT
기술이 '뭉치고' '연결된' 것이다. 사물 인터넷과 인공지능을
기반으로 '사이버 세계'와 '물리적 세계'가 네트워크로 연결돼
우리의 삶이 편리해진 사례는 이뿐만이 아니다.

....

5 ICT(Information & Communication Technology: 정보 통신 기술)

스스로 생각하고 최적의 판단을 내려 운전을 수행하는 자율주행 자동차를 떠올려보라! 자율주행 자동차는 자동차라는 사물과 인터넷, 인공지능이 뭉치고 연결된 것이다.

자율주행 차가 자동차 회사가 아니라 IT 회사에서 만들어지는 것처럼 4차 산업혁명의 시대에는 산업 간의 경계가 이처럼 모호해지거나 허물어질 수 있다. 기술 하나로 인간의 삶이 달라지고 특정 직업이나 산업이 아예 없어지게 되는 것이다.

많은 근로자가 하던 일을 로봇이 하게 되면 그들은 어떻게 될까?

드론이 무인 택배를 하게 되면 그 많은 택배 기사들의 생계는 어떻게 될까?

신경과학이 IT기술과 융합해 마음을 읽는 기계가 바꾸는 세상은 어떤 모습일까?

대량의 데이터를 처리하는 인공지능을 탑재한 알파고가 활개 치는 세상은 어떤 모습일까?

상상해보면 재미있으면서도 한편으로는 왠지 섬뜩한 느낌도 든다. 시치미를 떼는 피의자의 마음을 읽어내 범행을 밝힐 수 있다는 점은 유용하지만 타인의 감정을 함부로 읽는 등 비윤리적인 문제가 발생할 수도 있다는 점에서 걱정이 되는 것도 사실이다.

초연결성으로 실시간 빅데이터가 축적되는 세상이 필요로 하는 교육

사람과 사람, 사물과 사람이 연결되는 4차 산업혁명의 세상에서는 엄청난 수의 데이터가 쌓일 수밖에 없다. 이미 이런 빅데이터를 잘 분석하는 것이 매우 중요한 세상이다. 이미 많은 기업에서는 빅데이터를 잘 분석해서 상품을 개발하고 사업전략을 세우고 있다.

'이렇게 많은 지식이 범람하는 미래에는 어떤 교육이 필요할까?'
'지금처럼 정보를 달달 외우는 주입식 교육이 그때까지도 힘이 있을까?'

아직도 많은 학생들은 학교, 학원을 오가며 하루 종일 공부하고 있다. 그런데 학교에서 교사가 가르치는 교재나 자료 중에는 더 이상 사실이나 진리가 아닌 것들도 많다. 과학 분야에서는 매일 새로운 정보가 업데이트되고 있다. 학교 교사나 학부모들도 세상이 변하는 줄은 알고 있지만 어떤 식으로 아이들을 가르쳐야 하는지에 대해서는 막막해한다.

설령 학부모들이 이런 세상의 변화를 알고 있다고 해도 교육 당국이나 학교가 변하지 않으면 아무런 소용이 없다. 모두 변해야 한다. 다 함께 미래의 흐름을 읽어내고 고민할 필요가 있다.

이제는 지식 자체를 습득하는 것보다 데이터에서 숨겨진 뜻을 해석하는 능력이 더 중요하다. 찾은 정보들을 철저하게 분석하여 효율적으로 재가공할 수 있는 창의성이 더 중요하다. 비판적인 사고, 통찰력, 이해력, 논리적 접근과 합리적인 판단 능력은 지금처럼 교과서를 달달 외우게 하고 4지선다형, 5지선다형의 시험에서 정답을 뽑아낸다고 키워지지 않는다.

4차 산업혁명 시대에서 살아남기 위해 가장 중요한 것은 이런 시대에 적합한 교육이다. 하지만 현재 우리나라 교육은 이런 변화에 대응하지 못하고 있다.

미국에서는 한창 STEM[6] 교육에 공을 들이고 있다. 미래에 새롭게 만들어지는 직업군 대부분이 문제분석력, 예측능력, 실행력을 요구하는 이 분야들의 인재들을 필요로 하는 것이라는 전문가들의 미래 예측을 받아들인 까닭이다.

미래 교육의 최대과제는 미래변화를 파악하는 일에서부터 시작된다

컴퓨터 언어를 배우는 코딩 수업을 하고, 수업시간에 로봇을 조립하고, 창의적인 논술작문 수업을 하는 미국의 학생들과 단순히 공식을 암기하고 전형적이고 상투적인 예제로 논술을 작성하는 우리나라의 학생들이 미래의 현실을 맞이했을 때 누가 더 적응을 잘 할 수 있을까? 너무 답이 뻔한 질문이다.

....

6 STEM: 과학(Science), 기술(Technology), 공학(Engineering), 수학(Math)을 가리킨다.

세상이 어떻게 변하고 있는지를 알아야 한다. 신문이나 방송에서 말하고 있는 미래변화상에 귀 기울였다가 어떻게 대비해야 하는지를 적극적으로 찾아서 그것들을 하나하나 우리 자녀를 위한 교육대책에 담아야 한다. 이는 교육 당국과 학교, 학부모가 함께해야 한다.

미래는 왜,
어떻게 변하는가?

포스트휴먼이란 말이 유행하고 있다. 미래학자 레이 커즈
와일은 2006년에 『특이점이 온다』라는 책에서 2045년이 되면
인간의 지능을 능가하는 기계가 출현하게 될 것이라 말했다.
역사학자 유발 하라리는 자신의 저서 『사피엔스』(2011년)와
『호모데우스』(2015)에서 호모 사피엔스의 종말이 오고 현생
인류와 다른 인류가 지구에 살게 될 것이라 말하고 있다.
그러면 100년 후 한반도에 살고 있을 인간의 미래는 어떨지
미래학적인 방법론에 입각해 체계적으로 예측해 보자.
미래를 예측할 때는 우선 미래에 영향을 주는 핵심동인을
찾으며 미래를 조망해봐야 한다.
'미래변화 7대 요소'인 STEPPER에 비춰 핵심동인을 찾으면
된다. 이것은 7대 요소의 영어 머리글자를 딴 말이다.
즉, 사회Society, 기술Technology, 환경Environment, 인구Population,

'미래'를 말하면 어떤 이미지가 떠오르는가?

복잡하다. 감시받고 있다. 불평등하다. 차갑다. 팍팍하고
메마르다. 단절되고 소외돼 있다.

불안과 공포가 담긴 '디스토피아dystopia'적인 모습부터 생각하는
사람들이 있다.

여유롭다. 편리하다. 안전하다. 부강하다. 빠르다. 첨단적이다.
쉽다.

물론 기대와 희망을 담은 '유토피아utopia'적인 모습을 생각하는
사람들도 있다. 어떻게 미래를 대비하느냐에 따라 사람들은 두
가지 이미지 중 하나의 현실을 맞이하게 될 것이다. 미래가 왜
변하는지, 어떻게 변하는지를 알고 있어야 미래를 보다 꼼꼼하게
준비할 수 있다.

세계일보에서 연재된 「이광형의 미래학 향연」이라는 제하의
칼럼에 미래를 변화시키는 7가지 요소로 'STEPPER'가 나온다.
'STEPPER'은 7대 요소의 영어 이니셜을 딴 약자로 사회Society,

기술Technology, 환경Environment, 인구Population, 정치Politics, 경제Economy, 자원Resource을 가리킨다.

인간에 관한 생각들이 변하는 사회(S)

미래에는 '인간'에 대한 생각들이 과거나 지금과는 획기적으로 달라진다. 왜냐하면 스스로 생각하고, 판단하는 인공지능AI 로봇이 인간과 함께 살아가는 세상이기 때문이다.

인간처럼 지능과 감정을 가진 로봇을 생각해 보라! 그것들을(그들을) 단순히 물건이나 기계처럼만 대할 수가 있을까? 아마도 AI 로봇은 가족과 같은 의미로 인간의 곁에 머무는 존재가 될지도 모른다. 외로운 어린아이나 노인에게 같이 말하고 도움을 주는 AI 로봇은 애완견보다 더 큰 인기를 누릴지도 모른다.

그런데 AI 로봇이 꼭 이렇게 따뜻하고 우호적인 존재로만 우리 곁에 머무를까?

어떤 목적에 의해 인간을 해치는 살상용 병기로 변해서 테러에 이용될 가능성도 충분히 있다는 것을 간과할 수 없다. 유능하고 편리한 AI 로봇이 인간의 일자리를 빼앗을 수도 있다는 경고는 이미 예전부터 나왔다. 인간과 같은 지능과 감정 반응기능을 가진 AI 로봇과 공존하면서 인간 중심의 사고방식으로 받아들이기 힘든 상황들이 생길 수 있다. 그래서 윤리적이고 법률적인 문제와 갈등이 일어날 수 있다.

노총각 아들이 AI 로봇과 결혼한다.

임종 직전 노인이 자신의 AI 로봇에게 유산을 물려준다.

공장의 AI 로봇이 실수로 관리 직원을 죽였다.

충분히 일어날 수 있는 가정이다. 이를 위해 새로운 철학과 윤리, 사회규범을 만들고 가르쳐야 한다. AI 로봇에게 일자리를 빼앗긴 사람들에 대한 사회안전망도 확충해야 한다. 일자리 문제와 부의 양극화와 갈등 문제도 해소해야 한다.

인공지능, 사이보그, 드론, 배아복제 등 기술(T)의 발전

4차 산업혁명기의 기술발전 속도는 엄청나게 빠르고, 위력은 가공할 만한 수준이다. 과거나 지금의 공상과학 영화 속 가정들은 충분히 현실이 될 것이다. 비정질 금속과 인조인간의 결합체인 '터미네이터'들이 자연스럽게 거리를 활보하는 모습을 지켜볼지도 모른다.

드론으로 산악 고지대의 사람들은 주문한 지 하루 만에 택배 물품을 받게 된다. 배아복제 기술 등 바이오 혁명으로 인간의 거의 모든 장애가 극복된다. 설령 희귀병을 앓더라도 손쉽고 저렴하게 치료받을 수 있게 된다. 정말 환상적이지 않은가!

그러나 기술 발전이 불러오는 문제들도 생각해야 한다. 가령 드론이 사생활을 침해하고, 유전자 연구가 생명의 존엄성을 해치는 등의 문제 말이다.

기후변화 등 점점 악화되는 환경(E)

지구의 기온은 점점 올라가고 있다. 빙하가 녹으면서 해수면도 점점 상승하고 있다. 미래에는 환경이 가장 핫Hot한 이슈가 된다. 자연히 환경 관련 산업과 직업이 뜬다. 깨끗한 식수에 대한 수요가 늘어 정수 시스템이나 물 산업이 발전하게 된다. 공기를 정화하는 기술이 더 발전하고, 숲이 점점 사라지는 것과 비례해 산소가 감소하는 환경에 착안한 산소판매 사업도 호황을 누릴 것이다. 인공 광합성 기술을 개발해 산소를 만들어 내고 동시에 포도당을 생산하는 공장도 생길 수 있다.

친환경적 제도와 법령, 기술에 대한 관심이 점점 커질 것이다. 그리고 친환경적인 규제를 준수하고 환경을 중요시하는 기업이 환영받게 된다.

인구(P) 구성의 변화

"만약 내가 향후 몇 년 동안 아무런 통신수단이 없는 외딴 섬에서 살아야 하는 상황에서 단 한 가지 정보만을 얻을 수 있다면, 그것은 바로 인구 구성의 변화이다."

세계 최대 채권운용회사 PIMCO의 전 CEO였던 빌 그로스의
말이다.

그만큼 인구 구성은 미래변화에 매우 중요한 요소다. 모든 일은
사람에 의해 일어난다. 집단이 인간 행동에 많은 영향을 주고, 그런
인간 행동은 미래를 바꾼다.

인구구조의 변화를 보면 미래의 일자리가 보인다. 어린이용품
사업, 주택건설 사업, 젊은 층이 좋아하는 커피숍과 의류 사업 등
선호 업종이 생긴다. 인구 구조 변화는 정치 지형과 산업판도까지
바꾸기도 한다. 인구 구조에 따라 떠오를 사업, 기울어질 사업이
갈라진다. 예를 들어 심각한 고령화 문제의 해결책으로 노인
요양이나 장례 관련 사업이 커지는 식이다.

새로운 형태의 정치(P) 거버넌스

더욱 진화하는 ICT 기술로 인해 현재의 민주주의 정치 체제에 큰
변화가 일어난다. 전자투표에 의한 정치참여가 일반화되고, 장외에
시민들이 세운 사이버 정당과 사이버 국회가 활성화된다.
온라인상에서 활동하는 국회의원이 실제 국회의원의 의정활동에
영향을 줄 수 있다.

소셜 네트워크 서비스SNS로 연결된 국민들이 부패나 부정,
독재자나 전제주의, 국민의 의사를 무시하는 국가권력에 반대하여

혁명[7]을 이루기도 한다. 환경, 평등, 깨끗한 물과 유전자 변형을
하지 않은 식품 제공 등 인류 공동의 이슈에 관심을 기울여
해결책도 내놓는다.

경제(E)적으로 저성장이 고착화되는 뉴노멀new normal 시대

이미 지금도 전 세계는 저성장 기조에 접어들었다. 미래라고
해서 더 나아지지는 않을 것이다. 오히려 저성장은 고착화된다.
인공지능 로봇에 의해 일자리를 빼앗겨 실업자가 증가하고 부의
편중은 점점 심화된다. 소비가 위축되어 경제가 침체되는 악순환은
계속 반복된다.

이런 뉴노멀 시대에는 로봇이 인간의 노동을 대체해 생긴 문제를
해결하기 위하여 '로봇세' 같은 세금을 신설하는 등 새로운 조세
정책을 마련해야 한다. 근로자가 줄어들어서 약화되는 노동조합을
대체해 근로자의 권리를 보장할 수 있는 새로운 노동정책도
필요하다.

....

7 튀니지를 23년간 통치했던 독재자를 불과 며칠 만에 축출한 재스민 혁명에서 주목받은 것은
트위터, 페이스북과 같은 소셜 네트워크 서비스(SNS)이다. SNS가 재스민 혁명의 기폭제가
되었다.

미래의 '지속가능성'을 위협하는 화석연료(R)의 종말

지구 온난화로 인해 물이 점점 마르고 있다. 산업발달을 위해
사용하는 화석연료는 점점 줄어들고 있다. 물과 에너지의 지속
사용 가능성은 미래 사회의 중요한 키워드가 되었다.

지구의 자원을 어떻게 잘 이용할 것인가? 이것은 미래에도 식지
않는 화두가 될 것이다. 부족한 자원을 잘 활용할 수 있는 사회
환경을 만들고, 에너지 효율을 높이는 시설을 장려하게 된다. 또한
친환경 기업에 대한 선호도가 높아질 것이고, 소유하기보다는
공유를 통해 자원이 편중되거나 남용되는 것을 막는 데 애쓸
것이다.

Z세대 아이들에 대한
고찰

1995년 이후에 태어난 세대를 '포스트밀레니얼Postmillenials 세대'라 칭한다. 이들은 디지털 문명 속에서 훈련된 '구글 양육 세대', 'Z세대' 등 다양하게 불리고 있다. 'Z세대'는 부모 세대의 덕택으로 경제적으로 풍족하게 살아왔다. 상품 구매력도 커서 많은 기업들이 이들을 대상으로 비즈니스 전략을 발 빠르게 개발하고 있다. 또한, 다양한 경험을 할 수 있는 환경과 글로벌 사회에서 생활하는 혜택을 누렸다. 이들은 페이스북, 인스타그램 등의 SNS에 자신의 이상을 보이고자 노력하고 과시하면서 수천, 수만 명의 팔로워를 자랑하기도 한다.

그들의 부모인 X세대는 자신의 전 세대로부터 받은 자기희생적 과잉보호의 폐단을 잘 알기 때문에 Z세대에게는 독립심을 발달시키는 균형 잡힌 교육을 하려고 노력했다.

이러다 보니 Z세대는 뛰어난 기업가 정신을 갖게 되었다고도
평한다. 그러나 태어나면서부터 초고속 디지털 문명에
노출되어 5초를 넘기지 못할 정도로 집중력이 떨어지고
참을성이 없는 모습을 보인다.

[Z세대와 세대갈등 해법 (매일경제 '16.1.21)]

부모가 자녀를 제일 잘 안다? NO! 페친이나 인친[8]이 더 잘 안다

"우리 애는 부모인 제가 제일 잘 알아요."

흔히 부모들이 하는 말이다. 진짜 그럴까? 어떤 면에서는 맞는
말이다. 또 다른 면에서는 틀린 말이다. 사적이고 정서적인
부분에서 부모만큼 자녀에게 가까운 존재는 없다.
하지만 공적(사회적)인 면에서까지 내 자녀를 잘 알고 있을까?
부모들은 자기 자녀에 대해서 그들이 소통의 도구로 삼는 SNS
친구들보다 더 모를 수 있다.
이런 이야기를 꺼내는 이유는 지금 자녀 세대인 Z세대[9]가
4차 산업혁명 시대를 열고, 살고, 누릴 세대들이기 때문이다.

....

8 페이스북 친구, 인스타그램 친구
9 Z세대는 1995년 이후 태어난 19세 미만의 청소년을 뜻한다. 1990년대 중반 탄생한 X세대와
2000년대 초반 새로운 밀레니엄(Y2000)을 이끌 주역으로 부상한 Y세대를 잇고 있다.

이들의 특성을 잘 이해할수록 이들에게 어떤 배움을 전달하고
어떻게 가르칠 것인가를 결정하는 것이 가능해진다.

지금 Z세대의 부모들은 대부분 1968년부터 1980년 사이에
태어나 1990년대 중반에 '신세대'라는 소리를 들었던 X세대들이다.
이런 X세대들을 이은 1980년대 이후에 태어난 세대가
Y세대들이다. 이들은 일상에서 컴퓨터를 사용한 첫 세대들이기도
하다.

학교에서 Z세대들을 가르치는 연령은 X세대 이전 세대, X세대,
Y세대 모두 망라돼 있다. 하지만 이들 세대가 공부하던 시대와
지금 Z세대가 맞이할 시대는 완전히 다르다. 공부하는 방식도,
선호하는 전공이나 직업도 확연하게 달라지게 된다.

그런데 우리들은 Z세대들을 어떤 방식으로 가르치고 있을까?

4차 산업혁명 시대를 여는 Z세대, 그들은 누구인가?

네이버 지식백과에 따르면 Z세대를 규정하는 가장 큰 특징을
나타내는 말은 '디지털 원주민Digital native'이다. 2000년 초반 IT 붐이
일어났다. 이때 정보통신 기술의 발전과 더불어 태어난 세대가
Z세대다. 젖먹이 때부터 디지털 환경에 노출된 그들은 신기술에
매우 민감하다. 그들은 컴퓨터, 게임기, 휴대폰 등 전자기기의
열렬한 구매층이기도 하다.

"나는 접속한다. 그러므로 나는 존재한다."

    제레미 리프킨의 예언을 착실하게 실천하는 세대들이다.
테크놀로지에 친숙하다 못해 휴대폰이 잠시라도 몸에서 떨어지면
불안해할 정도로 너무 의존한다는 단점도 가지고 있다. 틈만 나면
휴대폰을 만지작거린다. 학업 스트레스도 게임이나 온라인상의
대화로 푼다.

    영상이나 이미지에 익숙하다. 트위터나 페이스북 같은 문자 위주
SNS의 열렬한 사용자였으나 요즘은 인스타그램 같은 이미지
위주의 SNS로 이동하고 있다. 이미지 세대답게 휴대폰에서도 문자
없이 다양한 의미를 담은 이모티콘을 즐겨 쓴다.

    세상은 연결되어 있다는 것을 잘 알고, 그 연결망 안에서 새로운
기회와 재미를 부지런히 찾을 줄 안다. 자신이 알고 있는 것을
공유하고 모르는 것을 퍼 나르고 전달하는 것이 자연스럽다.
멀티태스킹에도 능숙한 이 세대들은 전혀 연관 없어 보이는 분야도
잘 연결한다. 다소 개인주의적이지만 세상과 연결되는 것을 놓치지
않는 세대답게 세상 변화를 재빨리 감지한다. 기아, 테러,
기후변화와 같은 글로벌 이슈를 외면하지 않는다. 이런 주제로
동영상을 만들어 전 세계인과 공유하는 것에 뿌듯함을 느끼는
세대다. 자신들이 세상의 발전에 기여하고 사회를 개혁하는 것을
자랑스러워한다.

    단순히 부유함이나 성공을 위한 기술과 재능을 얻는 데
큰 관심이 없다. Z세대들은 자신만의 재미를 확실히 느낄 때

열정을 갖고 적극적으로 뛰어드는 특성을 보인다.

Z세대를 이해하고, 그들에게 맞는 교육방법을 찾아야 한다

미래에는 정보를 많이 아는 사람이 '갑'이 아니라 많은 정보
안에서 자신만의 뚜렷한 패턴과 색깔을 찾아내어 세상에
이바지하는 사람이 '갑'이 된다.
어른들의 눈에 참하고, 예측 가능하고, 부지런해 보이는
아이보다는 약간은 엉뚱하고, 예측 불가능하고, 영감이 있고
감각적인 아이가 미래 사회에서는 각광받는 인재가 된다. 다른
이보다 더 잘하는 사람이 아니라 자기만의 변화를 만들어낼 줄
아는 사람이 미래에는 성공한다.

학교나 교사들은 지금의 교육방법을 빨리 버려야 한다. 매일
업데이트되는 지식과 정보가 무료로 언제나 인터넷에 널려 있는
시대다. 단순히 많은 정보를 외우기보다 관련 없어 보이는 수많은
정보를 분석해서 창의적으로 해석할 줄 아는 인재를 키워야 한다.
교사나 부모들은 Z세대와 대화하는 방법을 찾고 그들에게
접근할 수 있는 방식으로 가르쳐야 한다. 필요하다면
아이들에게서라도 배워야 한다.
게임, 음악, 드라마와 같은 대중문화 콘텐츠와 기존 교육
콘텐츠를 결합하여 교육하거나 교안들을 비주얼과 스토리텔링

중심으로 구성해 재미를 이끌어내야 한다. 가상현실, 증강현실 등 신기술을 이용한 교육 프로그램을 개발하는 것도 좋다.

토론형·발표형 수업을 늘려야 한다. 단순히 교사가 학생들에게 지식을 일방적으로 전달하는 것이 아니라 교사와 학생이 끊임없는 대화와 토론을 통해 답을 찾는 교육을 해야 한다. 하지만 우리는 학교에서 어떻게 가르치고 있을까? 대학의 시험조차 강의 내용을 요약해 서술하게 하거나 고등학교 시험처럼 사지선다형으로 하고 있다.

지식을 수집하는 교육보다는 지능을 향상시키는 교육이, 더 나아가서는 향상된 지능을 바탕으로 아이들이 관심 있어 하는 분야들을 리믹스re-mix 하는 능력을 키워주는 교육이 필요하다.

"만일 모든 사람들이 한 방향으로 향하고 있다면 세계는 기울어지고 말 것이다."

탈무드에 나오는 말이다. '남들보다', '남들처럼'이 아니라 '남과 다르게'를 가르쳐야 한다. 그런 아이들이어야 다문화 사회, 다국적 기업에 잘 녹아드는 인재가 될 수 있다.

AI인공지능, artificial intelligence는
약탈자일까? 복권일까?

"인공지능AI은 빠른 속도로 발전할 것입니다. 하지만
인공지능으로 가능한 일들은 아직 한정적인 것이
현실입니다. 덧셈과 뺄셈을 하던 인간이 전자계산기에 맞선
것처럼, 인공지능이 인간을 지배한다고 말하는 것은 우스운
이야기에 지나지 않습니다."
일본 인공지능 연구의 선구자인 마쓰오 유타카(41) 도쿄대
특임 준교수는 인공지능에 대해 지나친 기대와 우려 모두를
경계한다. 인공지능이 인간 역할의 상당 부분을 대체하지만,
인간의 근본적인 영역까지 대체하거나 인간을 정복하지는
못할 것이며 오히려 인간에게 더 나은 미래를 가져다줄
것이라고 내다본다. (중략) 기계학습의 한 영역인 '딥러닝'Deep
Learning을 통해 인공지능은 비약적인 발전을 거듭하지만,
인간과 상호 협조하며 인간의 창조성과 능력을 더욱 도출할

2016년 3월 구글이 개발한 알파고가 이세돌 9단을 이겼을 때
많은 사람들은 전율했다. 무엇보다 더 충격적인 사실은 사람이
만든 다양한 바둑 기보를 익힌 알파고가 바둑 정석에도 없는
창의적인 수를 몇 번이나 선보였다는 것이다.

인간보다 더 뛰어난 인공지능의 출현이라는 자극적인 제목의
언론 기사들을 보면서 나도 대다수 사람들처럼 경이보다는
공포심을 먼저 느꼈다. 그런데 4차 산업혁명이 일상화되는 미래,
인간이 인공지능에게 밀릴 수 있다는 생각 때문에 가지는 이런
공포심은 사실 인류에게는 아주 낯선 것이 아니다.

방직기계와 증기기관으로 대규모 생산이 가능해졌던
2차 산업혁명기에도 비슷한 공포가 인간들을 덮친 적이 있었다.
겁이 난 사람들은 방직공장의 기계를 부수었다.

하지만 그 이후에 어떻게 되었을까? 기계가 멈추고 인간들은
그 이전 시대로 돌아갔을까? 기계로 인해 생산성이 늘어나자
경제가 살아났고, 동시에 새로운 직업들이 많이 생겨났다.

AI가 던지는 디스토피아

AI가 일자리와 인간의 존엄성을 뺏는 약탈자라는 생각이 아주
근거가 없지만은 않다. 이미 우리나라의 제조업 분야에서도 로봇은
다양하게 활용되고 있다. 벌써 자동차 회사의 현장에 가면
사람보다는 자동시스템의 기계들이 더 많이 보인다.

호주의 광산회사 리오틴트는 약 10년 전부터 무인 채굴 장비와
무인 트럭을 이용해 노천광에서 광물을 캐서 항구까지 운반하는
작업을 하고 있다. 국내의 한 피자 회사는 자율주행 피자 배달
로봇을 시범적으로 운영해 매장 내 손님에게 피자를 배달하고
있다.

미국의 한 가정용품 유통점은 자율 안내 로봇으로 고객을
안내하고 있다. 고객들이 질문을 하면 친절하게 대답도 하고,
비영어권 고객이 자신의 모국어로 질문을 해도 로봇에 탑재된
언어라면 모두 응대해 준다. 고객들은 낯설어하면서도 만족해했다.

"인공지능은 인류의 종말을 초래할 수도 있다."(스티븐 호킹)
"인공지능 연구는 악마를 소환하는 것과 다름없다."(일론 머스크)
"인공지능 기술은 훗날 인류에게 위협이 될 수 있다고 본다."(빌
게이츠)

로봇과 첨단기술이 인간의 일자리를 뺏어서 일자리를 가진 자와
못 가진 자의 갈등이 커질 것이라고 많은 기업가나 과학자들이

경고했다. 그들에 따르면 인간과 달리 로봇은 노동을 해도
소비하지 않아 경기가 침체되고 그 여파로 또다시 실업자들이
발생해 다시 경기침체가 반복된다는 것이다. 로봇과 인공지능이
충분히 인간을 대체할 수 있다는 생각으로 인간의 존엄성이 약해질
것이라는 주장을 펼치는 이도 있다.

AI가 선물하는 유토피아

AI가 인류의 선물이라고 말하는 사람들도 있다. 예를 들면 양자
컴퓨터를 활용하면 일기예보를 더욱더 정확하게 할 수 있다. 양자
컴퓨터는 지진과 같은 미래의 천재지변을 예측할 수 있게 해준다.
인간 유전자의 염기 배열을 분석하는 작업이 빨라져 잠복하고 있는
질병이나 장애를 막고 싶어 DNA 검사를 의뢰한 사람들은
신속하게 검사 결과를 받아볼 수 있다.
로봇은 인간이 할 수 없다고 생각했거나, 위험성이 너무 커서
윤리적 문제를 일으켰던 많은 일을 대신해줄 수도 있다. 의료나
항공우주, 첨단산업, 제조업 분야는 물론이고 더럽고 어렵고
위험한 3D 분야의 산업에서 로봇은 빠르게 인간을 대신할 것이다.

'AI와 대결할 것인가? 공존할 것인가?'

이 질문 자체가 인간의 가치를 낮추는 것이 아닐까? 인간이 AI를

만든 이유는 인간의 부족한 부분을 보완하기 위해서다. 비록
인간은 컴퓨터처럼 방대한 수를 엄청나게 빠른 속도로 계산하지는
못하지만 대신 컴퓨터에게는 없는 직관력과 창의력을 가졌다. 결코
AI는 인간의 근원적인 영역을 대체할 수는 없다는 소리다.

　인간이라면 1,000년이 걸릴 3,000만 가지 프로기사들의 기보를
알파고가 딥러닝 시스템으로 불과 몇 달 만에 학습했다. 하지만
그런 학습능력을 프로그래밍하고 세팅해 준 존재가 과연 누구인가?
바로 인간이다. 그걸 잊지 말아야 한다.

　AI를 활용해 보다 더 인간다운 가치를 추구하고, 인류를 위해
많은 것을 수행하면 된다. AI에게 일자리를 빼앗길 것이라는 공포
어린 상상보다 오히려 걱정해야 할 것은 AI 같은 새로운 기계나
획기적인 기술을 가진 사람들과 가지지 못한 사람들과의 사이에서
벌어질 격차와 갈등이 아닐까?

드론은
'택배를 싣고'
·····························

드론이 AI와 만나게 되면 베조스가 말한 택배기사가 될 수도
있고 신문배달을 할 수도 있으며 부재중 자택감시, 피자
배달, 우편 배송 등을 대신할 수 있다. 주부들은 집안일의
수고로움을 덜 수 있고, 홍수 등 재난 지역에서 조난자의
위치를 파악할 수도 있다. 한 미래학자는 드론이 식물종자의
수분을 돕는 벌의 역할도 해낼 수 있다고 내다봤다.
실제로 두 분야의 접목을 발 빠르게 시도하는 기업들이
있다. 세계 최대 규모의 드론제작사인 중국의 DJI는 최근
사물을 인식하고 사람을 따라다니도록 훈련된 '팬텀4'를
선보였다. 에어맵이라는 회사는 온갖 정보를 수집해 AI가
그 정보를 토대로 보안상 진입 가능구역과 불가능 구역을
구분토록 했다. 만약 'AI드론'이 탄생하게 된다면 애완견처럼
인간을 따르며 '프로펠러 달린 친구' 같은 역할을 할 것으로

기대된다.

날개 뻗는 드론, 한계를 덮다

처음에 드론은 군사용으로 개발됐다. 미국은 1차 세계대전 당시에 드론을 개발했지만, 실전에서는 사용하지 못했다. 이것을 미국은 1960년대 베트남전에 다시 투입해 드디어 실전에 사용했다. 그 이후 이라크전이나 아프가니스탄 전쟁에서도 드론을 활용했다.

세월이 흐르고 기술이 발달하면서 드론은 점점 더 작아졌다. 개발 비용 역시 훨씬 저렴해졌다. 무기로써 톡톡히 제 역할을 했던 드론이 범죄 수사와 소방 활동에 쓰이는 등 만능 재주꾼으로 인정받고 있다.

드론은 교통체증이나 건물·산악·바다 등 지형지물에 구애받지 않고 접근과 감시가 가능하다는 장점이 있어 민간 부문에서도 활발하게 활용되고 있다. 드론으로 논밭에 농약과 비료를 뿌리고 파종작업을 할 수 있고, 사람의 접근이 어려운 위험지역을 수색·정찰해 조난자를 찾을 수도 있다.

드론의 상업화 시대

세계적인 대기업들이 드론 택배 분야에 앞다투어 투자하고 있다. 드론을 통해 물건을 배송하면 원가를 엄청나게 낮출 수 있기 때문이다.

미국에서는 아마존, 구글 등 기업들이 이르면 2017년까지 온라인으로 상품을 주문하면 드론으로 배달하는 체계를 구축한다고 한다. 중국도 열악한 교통 환경을 가진 소도시나 농촌 지역에 드론 배송 시스템을 구축하고 있다.

드론으로 육로를 이용하기 곤란한 섬과 산악지역에 혈액과 의약품을 배달한다면 낙후된 지역의 주민들도 질병이나 의료 사각지대에서 벗어날 수 있다. 이미 아프리카 르완다에서는 드론이 이렇게 활용되고 있다.

과거 '인명 살상 무기'라는 부정적 인식을 날려버린 드론의 쓰임새는 무궁무진하다고 할 수 있다. 드론의 상업화 시대가 활짝 열리면서 드론 시장을 선점하기 위해 전 세계가 벌이는 각축전은 점점 치열해질 것이다. 아마 미래에는 휴대폰처럼 한 사람이 한 대의 드론을 갖고 다닐지도 모른다.

드론이 미래의 떠오르는 스포츠로 점쳐지기도 한다. 벌써 미국에서는 정기적인 드론 레이싱 대회가 열리고 있고, 심지어 스포츠 채널을 통해 생중계되기도 한다.

새로운 일자리를 창출하는 드론

미래학자 토머스 프레이는 "2030년 이전에 드론 혁명이
일어난다."고 예측했다.

드론이 어느 순간 빠르게 보급돼 인류사의 혁명적인 변화를
가져온 휴대폰처럼 미래의 생활양식과 사고방식, 가치관,
산업지형을 완전히 바꿀 것이라고 말하는 전문가들이 많다.

생생한 현장성이 생명인 익스트림 스포츠나 고산 등반 촬영을
드론으로 할 수 있다. 드론으로 불꽃놀이도 할 수 있다. 아침에
잠을 깨우고 식사 메뉴를 추천하여 배달까지 해주는 드론이나
회사까지 출퇴근을 시켜주는 드론이 등장할지도 모른다. SF영화
속에서나 가능했던 이야기가 생각보다 빨리 현실이 될지도 모른다.

여전히 비주류 기술로 취급되지만, 드론의 상업적 가치는 높다.
현실에서는 여러 규제[10]로 인해 아직까지는 휴대폰만큼 보급되지는
않았지만 언젠가는 드론의 활용도와 그 반사이익에 사람들은 넋을
놓을지도, 주도권 싸움을 벌일지도 모를 일이다.

꼭 드론 조종사가 드론을 지켜봐야 한다는 규제 역시 AI 기능을
드론에 탑재하게 되면 금세 풀릴 문제다. 굳이 사람이 드론을
조종하거나 안내할 필요가 없다. 드론이 AI와 만나게 되면

....

10 미국도 안전상의 이유로 조종자가 볼 수 있는 곳에서만 드론이 움직이도록 법으로 규제하고
있다.

상상하던 모든 것이 충분히 현실이 될 것이다.

어둠이 있으면 빛도 있듯 드론으로 인한 신기술이 지금의 택배기사나 음식 배달원들의 일자리를 위협할 가능성은 있지만 드론 자체가 파생시키는 새로운 일자리들도 많이 늘어날 수 있다. 예를 들면 드론 조종사, 드론 수리 기술자, 드론 운행 관리원, 드론 판매원 등이 있다. 드론의 활약만큼 드론의 오용으로 인해 프라이버시 침해, 비행 충돌에 의한 물리적 피해, 보안사고 등 많은 문제들이 일어날 수 있는데 이를 해결하는 새로운 직업도 생길 수 있다. 예를 들면 피해를 보상하는 보험 상품 판매원이나 사생활 보호 프로그램 개발자, 보안관리 매니저 등등 말이다.

사물인터넷과
자율주행 차 세상

이렇듯 기계가 할 수 없을 것이라고 생각했던 노동의 대체는
이세돌 9단과 '알파고'의 바둑 대결 같은 단편적 이벤트를
지나 점차 전반적인 사회 현실로 다가오고 있다. 단순히
경기침체의 문제라고 생각하고 있는 금융계 고용 감소의
기저에도 IT에 의한 노동 효율성 증가 효과가 있을 것이다.
2020년대에 상용화될 것으로 예측되는 스마트 자동차의
무인운전 기술은 서울시에만 7만 명을 헤아리는 택시
운전사를 비롯한 많은 사람의 직업 안정성을 위협할 것이다.
2030년대에는 로봇이 가사도우미를 대체할 것으로
예측되는데, 이에 따라 저소득 여성의 대표 직업이라고 할
수 있는 가사도우미 노동의 대체도 예상할 수 있다.
회계사나 항공기 승무원 등도 20년 내 사라질 가능성이 높은
직업으로 꼽히고 있다. IT 혁명에 따른 노동인력 대체란

기술 혁명에 뒤따르는 것이 사회문화 혁명이다. 기술이 변하면 고용, 정치, 생활, 노동, 조세 정책 등 모든 것이 변할 수밖에 없다. 그런데 앞으로 발 빠르게 나아가는 기술 발전만큼 세상의 사회문화 인프라가 변하지 않으면 갈등과 마찰은 피할 수 없다. 기술과 사회문화의 괴리가 커지면 커질수록 '혁명'은 '악몽'으로 변할 수 있다.

모든 기기를 연결하는 사물인터넷 Internet of Things, IoT
기적을 싣고 달리는 '자율주행 차'

가전제품과 같은 사물들과 휴대폰이 연결되는 사물인터넷 상품들이 봇물처럼 쏟아지고 있다. '스마트홈 시스템'이 구축되자 사람들은 한결 자유롭고 편리한 생활을 누리게 되었다.

미래에는 자동차도 커다란 모바일 단말기다. 자율주행 차가 자동차 회사가 아니라 구글 같은 IT 회사에서 만들어지고 있는 것을 보면 알 수 있다. 기계인 자동차와는 달리 자율주행 차는 인공지능과 사물인터넷 기술이 접목된 스마트 기기이다.

자율주행 차가 상용화되면 어떻게 될까? 병상에만 누워 있던 환자도 쉽게 세상을 여행할 수 있게 된다. 음주운전, 운전미숙으로 인한 사고도 줄어들 것이다.

유연하고 유동적인 초연결 세상의 고용, 주거, 결혼, 정치 사법 체계

초연결 세상에서는 어느 한 국가의 문제는 비단 그 국가만의 문제가 아니라 전 세계적으로 공유되는 이슈가 된다. 특히 일자리와 관련해서 국가 간의 장벽이 빠르게 사라진다. 인재들도 일자리 수요가 있는 곳으로 자연스럽게 흘러들어 간다. 미국인들이 인도나 중국에서 IT 관련 벤처회사의 일자리를 구하고, 우리나라에 중국이나 이탈리아 청년들이 몰려든다.[11] 바로 잡 노매드job nomad의 출현이다.

이렇게 이동성이 강해진 사회에서는 딱히 '정규직'과 '임시직'에 대한 구분도 강하지 않다. 개인의 능력을 시간 단위로 쪼개 팔거나, 국경을 뛰어넘어 서비스를 제공하는 형태가 일반화된다. 지금이나 과거의 직장 조직과 같이 서열을 중시하는 상하조직은 사라지고 평등한 조직이 된다. 당연히 통제나 지시 위주의 상명하복 문화는 사라지고 변화, 창의성, 유연성, 팀워크 등의 역량이 중시된다.

....

11 JTBC의 '비정상 회담'이라는 프로그램의 주요 패널들은 우리나라에서 둥지를 튼 외국 청년들이다.

기술의 발전으로 원격 근무가 가능해지게 되므로 재택근무가 증가할 것이다. 언제 어디든 옮길 수 있기 때문에 딱히 집을 사야 한다는 생각이 별로 없다. 다만 사람들은 교육과 학습이 용이하고 다양한 문화시설이 있는 도시를 선호한다.

자유롭게 이동을 하려는 욕구 때문에 결혼관도 변한다. 딱히 결혼하지 않고 혼자 살거나 비혼非婚 형태로 비혈연자들과 동거를 하는 사람들도 늘어나는 등 가족구조가 변화한다.

인공지능의 발전으로 초지능을 갖게 된 기계들이 다양하고 어려운 의사 결정을 인간 대신 내리는 등 정치, 사법 분야에서도 변화가 일어난다. 트위터나 페이스북 등 다양한 SNS를 통해 새로운 형태의 거버넌스로 국민권력 시대가 올지도 모른다.

위협받는 일자리, 불평등한 부의 분배, 불안정한 고용, 갈등을 일으키는 조세정책

꿈으로 꾸던 일들이 현실이 되는 미래의 '초연결 세상'. 이런 시대를 사는 사람들은 마냥 행복하기만 할까? 그렇지만은 않을 것이다. 태초 이래 인간의 역사에 반목과 갈등이 존재하지 않았던 때는 단 한 번도 없었다.

로봇이 대대적으로 도입되면 현재의 단순직 노동자들이 차지하고 있는 대부분의 일자리들은 사라질 수밖에 없다. 반대로 고급 인력들이 높은 급여를 받는 일자리도 생길 것이다. 자연히

빈부 격차가 심해지고 부가 공평하게 분배되지 못하는 문제가
발생한다.

노동시장의 유연성으로 인한 자발적인 임시직도 있다. 하지만
불확실한 경제 상황으로 정규직보다는 짧은 기간 일을 해줄 수
있는 계약직을 선호하는 기업들에 의해서 채용된 임시직들은
정규직에 비해 불합리한 대우를 받을 수 있다. 이는 또 다른
사회갈등의 불씨가 된다. 일자리를 잃은 사람들이 많아지면 국가
세수가 감소할 수밖에 없고, 줄어든 재원을 보충하기 위해 세금을
올릴 수밖에 없다. 실업률은 증가하는데 조세부담률이 계속
늘어나면 실업자도, 취업자도 불만을 느낀다. 이런 불만은 각종
범죄나 반정부 시위로 이어질 수 있다. 이런 사회 불안 요소를
없애기 위해 '일자리 공유'와 '로봇세[12]'에 대한 것들이 충분히
논의돼야 한다.

사실 세금을 징수하려면 납세자가 인격이 있어야 한다. 기존의
법체계상 인격은 인간과 법인(인간의 공동체)에만 주어졌기에 로봇은
납세자가 될 수 없었다. 그런데 2017년 1월에 유럽의회는 인공지능
로봇의 법적 지위를 전자인간Electronic personhood으로 지정하는
결의안을 통과시켰다. 미래에는 로봇도 연말정산을 하는 순간이
올지도 모를 일이다.

....

12 '로봇세'는 사람이 일하던 자리를 기계로 대체한 기업에게 매기는 세금이다. 이를 통해 부의
편중을 방지하고, 늘어나는 복지 비용을 확보하자는 데에 의의가 있다.

가족이 지고
新가족이 뜬다

··

결혼제도를 통한 가족이 사라질 것으로 보는 미래학자도 있다.
매년 유엔미래보고서를 발간하는 '밀레니엄 프로젝트'의
한국 지부인 유엔미래포럼의 박영숙 대표는 "미래학자인
카론 멀로니는 2040년 결혼제도가 소멸할 것으로
예측했다"면서 "결혼을 통한 가족의 형태는 점점 사라져
가고 있다"고 말했다. (중략) 외국의 경우 한국보다 빨리
가족에 대한 개념이 바뀌고 있다. 한 미래학자는 2025년에는
섹스나 로맨스도 로봇이 대신하는 시대가 올 것이라고
내다봤다. 그의 외국 친구 중엔 모임 때마다 로봇 여자
친구를 데려오는 경우도 있다고 한다. 로봇을 옆에 앉혀놓고
스테이크를 자른 접시를 앞에 놓아주기도 하고 말을 걸기도
한다는 것이다.

[혁명은 이미 시작됐다… 가족이 사라진다 (조선일보 '16.7.18)]

새로운 가족의 탄생

부모–부부–자녀 3대가 살던 형태나 부부 중심 또는 부모–자녀 2대가 사는 핵가족 중심의 형태에서 벗어나 나 홀로 사는 가구, 한 부모 가정, 재혼 가정도 생기고 있다. 또한, 3대가 주변에 모여서 살되 각자의 주거공간과 사생활을 침범하지 않으면서 서로 존중하는 동시에 외로움을 달래거나 소통을 하고 싶을 때 SNS를 이용하는 '네트워크 가족'들도 점점 늘고 있다.

미래에는 혈연으로 맺어지지 않은 가족 형태도 많아질 것이다. 식구가 아닌 사람들이 모여서 함께 동거하며 살아가는 모습이 지금도 별로 낯설지 않다. 동성끼리 사랑해서 사는 가족도 있고, 혈연관계가 아닌 여러 가족들이 함께 모여 사는 공동체 가족도 있다.

결혼제도가 무의미해질 수 있다

결혼제도를 통한 가족이 사라질 것으로 보는 미래학자도 있다. 인간의 수명이 늘어나고 삶의 이동성이 강해지기 때문이다. 평균 수명이 늘어남에 따라 한 배우자와 결혼해 평생을 해로하는 것이 점점 어려워진다.

게다가 일자리를 찾아 이동할 수밖에 없는 미래에는 한곳에 정착을 해야 하는 결혼이 부담스러울 수 있다. 미래에는 핏줄보다

오히려 혼자 살거나 가족을 대체할 존재나 공동체를 더 선호하게
된다. 애완용 동물과 살거나 인공지능 로봇과 사는 사람들도 있고,
노인들끼리 모여서 가족처럼 사는 공동체가 늘어날 수도 있다.

지금도 결혼제도는 과거와는 사뭇 다르게 평생을 같이하는 강한
연대를 상징하지 못하고 있다. 이혼율도 계속 늘어나고 있다.
게다가 황혼 이혼과 황혼 재혼도 급격히 증가했다.

'졸혼'이라는 현상이 갑자기 유행처럼 번지고 있는 것도 주목할
만하다. '졸혼'은 '졸업'과 '결혼'이 합쳐진 신조어로, 아이를
다 키우거나 은퇴한 황혼기 부부가 여전히 서로를 사랑하지만,
각자의 꿈을 위해 따로 사는 것을 말한다.

핏줄보다 강한 의리

고령화 사회가 진행되면 진행될수록 과거 노인들이 받았던 '핏줄
봉양'은 점점 어림 반 푼어치도 없는 소리가 될지도 모른다.
핏줄보다는 오히려 공동체적인 목표나 친밀도에 의해 탄생한
가족들로부터 더 극진한 보살핌과 애정을 받는 경우가 늘 것이다.

미래는 가족으로 '태어나는' 것이 아니라 가족으로 '만들어지는'
사회가 될 가능성이 높다. 어릴 때부터 다양한 가족 형태에 대한
교육을 시킬 필요가 있다.

지금도 한 부모나 맞벌이 가정에 대한 편견으로 고통을 받는
가족들이 있는 것처럼 미래에 다양해지는 여러 가족 형태(나홀로족,

맞벌이 가족, 동거 남녀, 한 부모 가족, 이혼한 남녀끼리 결혼한 가족, 동성애 동거자 등)와
관련한 교육이 이뤄지지 않는다면 내 아이가 배려와 이해 없이
자신도 모르게 그런 새로운 형태의 가족들을 차별할 수 있기
때문이다.

　　그런 몰이해는 우리보다도 더 다양한 가족 형태를 가진
서구권에서 공부나 취업을 위해 살아가야 할 때 커다란 장벽으로
작용할 수 있다.

트렌드를 읽어야
미래의 일자리가 보인다

올해 초등학교에 입학하는 전 세계 7세 어린이의 65%는
지금 존재하지 않는 일자리에서 일하게 될 전망이다. 스위스
다보스포럼을 주관하는 세계경제포럼WEF은 18일(현지시간)
발표한 '일자리의 미래' 보고서에서 "인공지능·로봇기술·
생명과학 등이 주도하는 4차 산업혁명이 닥쳐 상당수 기존
직업이 사라지고 기존에 없던 새 일자리가 만들어질
것"이라며 이같이 내다봤다. (중략) WEF가 4차 산업혁명과
그에 따른 일자리 변화에 주목한 것은 최근의 기술 발전이
기존 산업혁명과는 비교할 수 없을 만큼 급속하게 진행되고
있기 때문이다. 인공지능·로봇공학 등 기술 발전은
사물인터넷IoT, 자율주행 자동차, 3D프린팅 같은 혁신을
내놓고 있다. 이런 속도라면 로봇이 사람의 일자리를
대체하는 건 시간문제라는 것이다. 보고서에 따르면 앞으로

> 5년 내 선진국에서 500만 개의 일자리가 사라질 전망이다.
> 지구촌 일자리의 65%⁽¹⁹억 명⁾를 차지하는 주요 15개국의
> 350개 대기업 인사 담당 임원을 대상으로 조사한 결과다.
>
> ['전 세계 7세 아이들 65%는 지금 없는 직업 가질 것'(중앙일보 '16.1.20)]

앞으로 5년 내 선진국에서 500만 개의 일자리가 사라진다
타격이 가장 큰 분야는 475만 개가 사라지는 화이트칼라
직업군이다

2016년 세계경제포럼WEF이 발표한 '일자리 미래 보고서'는
4차 산업혁명이 도래하면 상당수 기존 직업이 사라지고 지금은
없는 새 일자리가 만들어질 거라는 내용을 담고 있다.
그렇다면 Z세대들은 무엇을 준비해야 할까?

"한국 학생들은 하루 15시간 동안 학교와 학원에서 미래에
필요하지도 않을 지식과 존재하지도 않을 직업을 위해 시간을
낭비하고 있다."

이 말을 보면 앨빈 토플러가 우리나라 교육 시스템을 얼마나
한심하게 여겼는지 여실히 드러나 있다.

알파고가 창의적인 수로 인간 최강자인 바둑 기사를 이기고,

자율주행 차나 드론이 활보하는 이 시대에 아직도 우리나라는
공무원 열풍에서 벗어나지 못하고 있다. 이렇게 세상은 급변하는데
아직도 우리나라 부모들은 '~사' 직업에 대한 미련을 버리지 못하고
있다. 얼마나 미래 예측에 안일한지, 얼마나 미래 직업에 대한
분석이 후진적인지를 잘 보여준다.

　노량진이나 신림동으로 공무원 시험을 위해 젊은이들의
러시Rush가 이뤄지는 나라, 직업에 대해 귀천을 따지는 나라, 1등이
되기 위해 교과서 내용을 달달 외우는 학습법을 버리지 못하는
나라가 미래 글로벌 시장에서 가질 수 있는 경쟁력은 얼마나 될까?

트렌드 분석은 급변하는 미래를 항해하는 데 꼭 필요한 '나침반'이다

　인공지능을 탑재한 로봇이 안내견보다 더 정확하게 길 안내를
해준다.
　공항과 관공서 등의 안내 부스에 로봇 도우미 직원이 서서
친절하게 응대해 준다.
　항공기 제조사가 클라우드를 활용하여 정비시간을 최소화시켜
수익을 극대화했다.

　미래 트렌드 변화는 산업동향과 고용환경을 변화시킨다.
심지어는 부동산 가치까지 바꾼다. 온라인 구매족의 증가로 인해
온라인 쇼핑몰 판매 수익이 대형 마트 매출을 추월하게 되면

어떻게 될까? 물류창고의 중요성이 높아지고, 교통이 편리하고 땅값이 저렴한 도심 외곽에 물류창고의 부지가 선정될 것이다. 비싸기만 한 도심의 집을 팔고 근로자들이 주거지를 근교로 옮기게 될 것이다. 물류와 사람이 모이다 보면 도시 인프라가 만들어지고 신도시가 건설된다. 이에 반해 비싸기만 하고 매력도를 상실한 도심 부동산 가치는 하락할 수도 있다.

최근 한 시중 은행이 위치기반 서비스LBS를 이용하여 건물 2층에 대학전용 점포를 오픈했다. 스마트폰 푸시push 기능을 활용해 정보를 제공하는 위치기반 광고 마케팅으로 보이지 않는 호객행위가 가능해지자 굳이 목 좋은 곳에 은행 점포를 차릴 필요가 없게 되었다. 예전에는 매우 중요했던 1층이나 대로변과 같은 입지의 선호도 자체가 쓸모없어진 것이다.

기업들이 빅데이터에 열광하는 이유

미국의 거대 닷컴 회사들은 사람들이 얼마나 마우스를 클릭할 것인지를 예측하여 광고비를 산정한다. 어떤 기업은 고객이 이탈하여 경쟁사를 선택할 가능성과 자사 직원의 이직 가능성까지 예측한다.

고객들이 계산대 앞에서 어떤 할인쿠폰을 사용할지 예측하는 대형마트

계좌 거래 패턴을 분석하여 테러 혐의자를 예측하는 은행

어떻게 이런 것이 가능한 것일까? 모두 빅데이터 덕분이다. 우리나라에서도 한 통신사가 성별, 나이, 위치, 상품 구매목록, 살고 있거나 구매하는 지역 등 빅데이터를 분석해 타깃 광고마케팅을 펼치기도 했다. 이런 빅데이터가 인공지능을 만나게 되어 기업의 생존을 좌우할 수준에 이르렀다.

모든 일의 원인과 패턴, 사이클을 찾아주고 앞으로 어떤 일이 일어날지에 대해 논리적 혹은 확률적으로 예측하면서 의사결정을 도와주는 빅데이터는 기업에게는 수익이라는 '황금알을 낳는 거위'가 되었고, 고객에게는 상품과 서비스, 그것을 사용하는 방법, 적합도, 효용성을 예측하고 관리해 주는 '최상의 조언자'가 되었다.

미래 트렌드를 읽는 것은 부모의 의무

부모들부터 세상의 트렌드를 파악하고 있어야 한다. 부모가 가진 미래에 대한 안목에 의해 아이들의 진로나 미래가 결정되는 경우가 많기 때문이다.

아이들은 미숙하지만, 변화에 민감한 존재이기도 하다. 제대로 듣지 않는 것처럼 보이지만 부모가 들려주는 '미래'의 모습들을 하나하나씩 진지하게 받아들이고 있다.

물론 부모라고 그 모든 것을 다 알 수는 없다. 잘 모른다고 죄책감은 더더구나 가질 필요가 없다. 전문가처럼 세세한 부분까지 정확하게 내다볼 수 있어야 한다는 것은 아니다. 하지만 미래 변화에 대한 전체적인 윤곽 정도는 파악해야 한다.

위안이 될지는 모르지만 급변하는 세계 정세, 국내외 경기의 흐름, 직업의 세계, 생활 문화의 변화 등 전체적인 윤곽만이라도 파악하려고 노력하는 부모들도 별로 많지 않은 것이 현실이다.

하지만 미래변화를 예측하기 위해서는 신문이나 잡지를 부지런히 읽고, 방송을 보는 등 새로운 정보를 풍부하고 다양하게 습득해야 한다. 평소에 어떤 변화를 만나게 되었을 때 '이런 변화가 내 아이의 미래에 어떤 의미가 있을까?'라는 질문을 던질 준비가 돼 있어야 한다.

4차 산업혁명 시대에
잘나가는 직업들

산업현장 최전선에서 온몸으로 변화를 체감하고 있을 CEO 등을 대상으로 유망 신직업에 대한 의견을 들었다. 기업 CEO와 임원 500명, 비영리단체장 100명이 조사에 참여했다. 지난 10월부터 이달까지 약 2달간 면접조사, 온라인조사, 전화조사를 병행했다.

조사 결과 응답자들이 뽑은 '미래 유망 신직업' 1위는 빅데이터 분석·활용 전문가(16.8%)로 나타났다. 응답자들은 "빅데이터가 4차 산업혁명의 핵심이 될 것이며, IoT를 통해서 앞으로 더 많은 데이터가 생겨날 것"이라고 이유를 설명했다. IT융합 전문가(11.7%)와 노인돌봄 전문가(11.5%)는 각각 2·3위를 차지했다. (중략) 미래 유망 신직업 관련 응답 내용을 '키워드' 중심으로 분석한 결과, 가장 많이 등장한 단어 역시 '빅데이터'(222건)였다. 이어 3D프린팅(144건),

노인(121건), 로봇(77건), IT(74건), 복지(74건), 인공지능(59건),
환경(51건), 가상현실(46건), 융합(46건), 엔지니어 (45건)
순이었다.

고령화 사회|Aged society

고령화가 보건의료·바이오 관련 일자리를 창출한다.
'인공장기조직 개발자'는 3D 프린터를 활용해 인공장기나 인체
조직을 만드는 직업이다. '탈부착골근격증강기 연구원'이라는
직업도 이채롭다. 노화로 인한 골격이나 근육 퇴행을 보완할 수
있으며 입고 벗을 수 있는 골근격증강기를 개발하는 일을 한다.
'바이오-나노프린팅 보안 전문가'도 있다. 바이오-나노프린팅이
진행되기 위해서는 유전자 정보를 담은 파일을 전송해야 하는데
유전자 정보가 파일 전송 과정에서 손상되는 것을 막기 위해
데이터의 엄격한 암호화와 검증절차가 필요하다. 이런 암호화,
검증업무뿐만 아니라 바이오-나노프린팅의 하드웨어와
소프트웨어를 상시 점검해 원본과 복제본이 일치하는지를 철저히
관리하는 일을 한다.

자동화된 스마트 디지털Automated smart digital

스마트 디지털 기술은 단순·반복적인 일자리보다
감성·상상력·창의력을 지닌 인재 수요를 증가시킨다.
인공지능AI이 인간의 노동력을 대체할 것이라는 우려는 인공지능을
활용한 새로운 일자리 창출로 다소 덜 수 있을 것이다. 자율주행
차, 가상현실VR, 3D 프린팅, 사물인터넷IoT, 클라우드 컴퓨팅 등
5대 유망 분야에서 많은 일자리가 창출된다.

'오감인식개발자'라는 직업은 얼굴 표정이나 음성 인식을 통해
상대방 의도를 미리 파악하는 시스템을 개발하는 직업이다. 소비자
행동 분석이나 운전자의 안전 운행, 장애인의 보행을 도와준다.

사물인터넷을 통해 도시 정보를 한눈에 볼 수 있도록 해주는
'도시 대시보드 개발자'도 많은 구인 수요가 예측되는 직업이다.
사람과 사물을 연결하는 사물인터넷이 발달하면서 사물을
데이터로 인식하기 위해 사물의 범주를 구분하고 표준화 업무를
맡는 '사물데이터 인증원'이라는 직업도 있다.

출생부터 사망까지의 모든 정보를 데이터베이스에 보관하면서
의뢰인이 필요할 때 정보를 제공하는 '기억대리인', 인터넷에 뜨는
나쁜 정보를 찾아 제거해주는 '데이터소거원'은 흥미를
불러일으키는 이색 미래직업이다. '아바타 개발자'는 뇌와 컴퓨터
연결 기술을 활용해 영화처럼 인간을 대체하는 아바타를 만드는
일을 한다. 이 아바타는 홀로그램 형식으로 실제 생활에서 작동할
수 있다.

아시아의 부상Asia emerging

중국과 인도, 동아시아 신흥 개발국들의 소득 향상과 인구
증가로 아시아가 세계의 중심지로 부각될 것이다. 아시아 국가의
부상으로 국가 간 인재 이동이 활발해지면서 인재 채용을 대행하고
현지 적응을 돕는 '국제인재 채용대리인'의 수요가 늘 것으로
예측된다. 세계의 중심이 아시아로 옮겨지면서
인종·국가·민족·종교 등 문화적 배경이 다른 사람들 사이에
일어날 수 있는 갈등을 예방하고 분쟁을 조정하는 '문화갈등
해결원'도 뜰 것이다.

기술에 상상력과 창의력을 더한 일자리가 부상한다

고급 인재에 대한 수요는 갈수록 증가할 것이고 국가 간의
인재영입전쟁war for talent이 활발해질 것이다. 준비된 인재에게는
언제나 희망이 있다. 미래 기업이 요구하는 고급 인재는 대다수
STEM 분야 인재이다. 로봇을 다루는 엔지니어는 물론 3D프린팅을
비롯한 로봇공학, 빅데이터, 바이오기술, 클라우드 기술
분야에서의 채용 수요는 계속 증가할 것이다.
미래 사회에 대비해 적성에 상관없이 무턱대고 IT나 기술공학을
공부해야 한다는 말은 아니다. 생명과학, 항공우주, 환경공학 등
인간과 환경에 관련한 일자리 수요도 줄어들지 않는다. 정신과

의사나 임상심리사, 재난대처 전문가, 위기관리 전문가, 과학
수사관 등 사람들의 정신적 치료와 재난위기 관리에 도움을 주는
직업도 지금보다 더 좋은 전망을 가진다. 사람들에게 상상력과
창의력을 전하는 직업 수요도 끊이지 않는다. 게임기획자, 만화가,
웹툰 작가, 특수교사, 소셜 마케팅 전문가, 테마파크 디자이너,
광고홍보 전문가들은 이미 지금도 인기를 구가하고 있는[13]
드림소사이어티에 걸맞은 직업들이다.

....

13 드림 소사이어티(dream society): 2005년 미래학자인 롤프 옌센(Rolf Jenssen)이 주창한 개념.
정보사회에 뒤이어 도래할 미래는 꿈과 이야기 등의 감성적 요소가 중요하게 부각되는
사회라는 의미.

전통적인 교실과
교사가 사라진다[14]
···

#2020년 대학 새내기 김 모 씨는 자신이 관심 있는 학과나
강의 정보에 대해 학교 선배를 찾아 '뜬구름' 같은 조언을
구할 필요가 없다. 스마트폰에 AI(인공지능) 서비스를 제공하는
학교 앱을 깔고 관심 있는 학과나 진로에 대해 정확한 정보를
얻을 수 있다.
#대학생들은 지하철에서 게임에 몰두하는 대신
MOOC(온라인 공개강좌) 삼매경에 빠진다. 등교시간을 쪼개
해외 유명 대학 강의를 듣는 학생들이 부쩍 늘어난다.
미국이나 영국의 유명 대학 MOOCmassive open online course 강좌
수강 이력은 관련 학과 공부에 도움이 되고 향후 든든한

·························

14 박영숙, 『2020 미래 교육 보고서』

'스펙'으로도 작용한다.

#기존 고등교육의 경계가 무너지면서 미국
'P-TECH(고등전문대학, Pathways in Technology Early College High School)'로
대표되는 혁신학교가 늘어난다. 이 학교는 고교과정과
직업교육 위주의 전문대 과정이 통합된 형태다. 지난 2011년
미국 IT기업 IBM과 뉴욕 시, 뉴욕 시 기술대가 손잡고 만든
실험학교다. 학생들은 이 학교 입학과 동시에 취직했다는
느낌을 얻게 된다. 학교에서 직업 현장에 필요한 실전
역량을 쌓다 보니 대학 졸업 후 재교육이라는 시간·비용
낭비를 할 필요가 없다. 국내에도 이 학교를 본뜬
고등전문대를 선보일 예정이다.

[미래 교육의 해시태그 #AI #온라인강좌 #고등전문대 (매일경제 '16.7.25)]

농경시대에는 부모가 자식을 들과 밭으로 데리고 다니면서
농사일을 가르쳤다. 자녀들은 노동의 수단이 되는 재산이었다.
그런데 산업시대를 맞이한 후 부모가 공장에 나가자 집에 남는
아이들을 모아 대신 교육을 해 줄 필요성이 생겼다. 그래서 학교가
생겼다. 그때 생긴 학교의 개념이 지금껏 이어졌다. 하지만
미래에는 과거나 현재와 같은 학교와 교사의 역할에 큰 지각변동이
일어날 것이다.

교실은 더 이상 유일무이한 배움의 장소가 아니다

오랜 기간 동안 배우는 것은 교실을 통해서만 이루어질 수 있었다. 하지만 이제는 언제 어디서든 원격교육이 가능한 시대가 되었다. 교실의 의미는 전보다 많이 퇴색해버렸다.

더 이상 학교 교실은 배움의 유일한 접점이 아니다. 온라인 수업이 가능한 세상이다. 아침에 눈을 뜨는 순간부터 밤에 잠드는 순간까지 배움은 계속되는데 그렇게 적시 학습이 가능한 인프라가 갖춰지는 미래에는 교실을 떠나서도 충분히 공부가 가능하기 때문이다.

지금도 MIT는 강좌 1,800여 개를 모두 온라인으로 오픈하고 있다. 이처럼 집단지성이 만들어지고 적시학습을 할 수 있는 도구, 즉 대형 지식포털이 만들어지면 누구나 자신이 원하는 교육을 인터넷이 구현되어 있는 곳이면 어디에서나 받을 수 있게 된다. 10년 된 교과서 정보가 아닌 어젯밤에 업데이트된 정보를 교육포털에서 받아 공부하는 시대인 것이다.

공식적으로 학교가 사라지지는 않겠지만, 온라인 교육이 초등학교에서 대학에 이르는 모든 교육 과정의 일부로 자리 잡을 것이다. 이로 인해 가진 자와 못 가진 자의 차별이 없어지고, 사교육으로 인한 부담도 획기적으로 줄 것이다.

암기학습보다 적시지식과 적시학습이 필요하다

'적시지식'과 '적시학습'이 일상적인 것으로 되고 있다.

미래에는 시와 때에 맞춰 가장 적당한 시기에 가장 업데이트된
정보를 무료로 꺼내 와서 배우면 된다. 세상은 너무도 복잡하고
가변적이다. 내가 알아야 하는 정보를 '지금' 알고 있다고 해서
'내일' 그 정보가 유효한 정보라고 확신할 수 없는 세상이 되었다.
그래서 적시학습이 더 중요하다.

암기 학습의 중요성이 감소한다. 미국의 수능시험에서는 수년
전부터 계산기가 허용되고 있다. PDA(personal digital assistant, 휴대 정보
단말기)로 수업하고 시험도 보게 하는 학교도 있다. 인터넷 검색이
가능한 PDA를 시험장에 갖고 들어간다는 자체가 암기교육의
불필요성을 반증한다.

이제는 학생들이 그 엄청난 정보를 활용해 스스로 무엇을
만들어낼 것인지 궁리해야 하는 시대가 되었다. 학벌은 더 이상
중요하지 않다. 어마어마한 지식이 이처럼 많은데 어느 대학을
나왔는지가 변별점이나 경쟁력이 될 수 없다. 세상은 더 이상
지식을 많이 아는 자에게 관심이 없고 그 지식으로 무엇을 할 수
있는지를 증명하는 자에게 관심이 많다.

미래 교육은 가르침 중심에서 배움 중심으로

과거에는 교사가 학생에게 1:1로 정보를 전달해 왔는데 교사가 항상 학생 앞에 서서 배워야 할 정보를 전해주었다. 지금도 우리나라는 여전히 이렇게 가르치고 있다. 하지만 미래의 교육은 '가르침' 중심에서 '배움' 중심으로 크게 전환된다. 전문가는 강의 자료를 만들고 학생들은 언제 어디에서나 자신만의 속도로 원하는 주제를 배우게 된다.

지금처럼 권위만 내세우고 시대의 변화를 무시한 채 자신만의 성에 머무르는 교사는 교단에서 영구 퇴출될 것이다. 미래에는 교사 중심으로 1:1 혹은 교실에서 학생들에게 교육을 시키는 것이 아니라, 교육기기를 들고, 또는 교육포털에서 정보를 가지고 와서 학생들끼리 학습하거나 온라인으로 배우는 사이버 교육이 대세가 될 것이다.

미래의 교육 현장에서 교사의 역할은 더 이상 정보전달자, 지식전달자가 아니다. 정보는 교육포털에서 학생들이 검색해오고, 교사는 그 정보를 가지고 배우는 아이들에게 지원자, 안내자, 촉진자helper, assistant, mentor, guide, facilitator 등의 역할을 하면 된다.

배움은 평생에 걸쳐 하는 것

미래의 대학교는 고등학교를 갓 졸업한 청소년들만 들어가는

곳이 아니다. 배움의 의지만 있으면 60세 이상의 고령자들도
수시로 대학교, 대학원, 평생교육원에 들어갈 수 있다.

24시간 365일 접속이 되는 온라인교육 시스템은 평생교육을
실현시켜주는 최상의 환경이 되어준다. 아바타가 교사 대역을
맡고, 대부분의 과목은 컴퓨터 시뮬레이션을 통해 직접 실험을
하면서 배울 수 있게 된다. 더 많은 교육을 받은 대중을
만들어냄으로써 민주주의를 증진시키며, 더욱 책임감 있는
세계시민의 수를 증대시킨다.

현재 직업의
절반이 사라진다

영국 옥스퍼드대 마틴스쿨의 칼 베네딕트 프레이 박사와
마이클 오스본 조교수는 702개 직업을 대상으로 '데이터가
충분하다면 최신 기술로 이 직업의 모든 작업이 컴퓨터에
의해 수행 가능한가'라는 질문을 던진다. 이 결과 미국의
직업 중 약 47%가 대체 가능한 고위험군에 속해 있다고
조사된다. (중략) 프레이와 오스본의 연구 방법을 한국에
적용하자 고위험군에 속하는 직업 종사자는 더 늘어났다.
63%가 고위험군에 속한 것으로 조사됐는데,
단순 노무종사자, 사무종사자, 장치, 기계조작 및 조립
종사자에서 그 비율이 높았다.
미국의 여론조사기관 퓨리서치는 기업의 기술 임원, 컴퓨터
과학자, 경제학자 등 1,896명의 전문가들을 대상으로 로봇과
인공지능의 발전에 따른 경제적 영향에 대해 질문했다.

전문가들의 의견은 팽팽히 엇갈렸는데, '기술이 발전하면 과거의 직업과 산업을 없애는 것과 동시에 새로운 직업과 산업을 만든다'는 이유 등으로 미래의 일자리 지형이 그다지 부정적이지는 않을 것이란 답변이 다소 앞섰다. 다만 부정적으로 바라보는 쪽에서는 '임금격차의 결과는 심각할 것'이라고 의견을 냈다. 인공지능의 발달이 양극화를 더 부추길 것이란 것은 프레이와 오스본의 연구결과에서 단순 노무종사자, 사무종사자의 일자리 이탈 비율이 높다는 것에 비춰볼 때, 쉽게 무시할 수 없다.

[인공지능 여파, 임금 양극화 더 심화 '한국의 직업 63%가 고위험군'(경향신문 '16.3.10)]

스마트폰이 출시된 이후 지하철 안 광고, 잡상인, 구걸자가 확 줄었다고 한다. 왜냐하면 사람들이 너나없이 고개를 숙이고 스마트폰만 집중해서 보기 때문이다. 지하철에서 공짜로 보던 무가지free paper가 어느 순간 싹 사라진 것을 보면 놀라울 따름이다.

이렇게 기술발달이나 사회변화에 따라 많은 직업이 사라지거나 생기기도 한다. 하지만 아직도 우리나라 취준생 가운데 열에 서넛은 공무원 시험을 준비한다고 한다.

4차 산업혁명의 파고를 짐작하고 서둘러 교육방식을 변화시키고 있는 선진국과는 다르게 우리나라는 부모들뿐만 아니라 젊은이들마저 '직업안정성'을 이유로 '적성'을 밀어내고 있다. 우리나라 부모들이 자녀의 직업으로 제일 선호하는 '판사'가 이미

2011년 말 미국에서 소멸직종으로 분류된 것을 우리는 대부분
모르고 있다.

부모 세대들이 가장 선호하는 직업인 교사와 공무원이 언제까지
인기직종으로 살아남을 수 있을까? 출산율 저하로 인구가
줄어드는데 교사와 공무원이 영원히 감원 무풍지대에 머무를 수
있다고 착각해서는 안 된다. '출산율 저하로 가르칠 학생이 없는데
교사가 무슨 필요가 있을까?'라는 사실을 한번 고심해봐야 한다.

스포츠 심판·텔레마케터·법무사·택시기사·어부·제빵사는 지고, 성직자·의사·소방관·사진작가는 뜬다

사라질 직업군의 대표적인 것이 바로 약사다. 사람들이 의사의
처방전을 가져오면 로봇이 대신하면 된다. 캘리포니아 대학
샌프란시스코 의료원은 두 곳의 병원에 로봇이 약을 처방하는
약국을 도입했다. 컴퓨터는 의사가 발행한 처방전을 전산망을 통해
확인하며 로봇이 약을 고르고 포장하여 조절한다.

변호사와 변호사 보조원도 사라질 수 있다. 재판이나 법적
판단을 하는 일은 매우 방대할 수 있고, 숙지해야 할 자료도
몇백에서 수천 페이지에 달할 수 있는데 그것들을 소프트웨어가
보다 적은 시간과 비용으로 대신할 수 있다.

벌써 변호사가 위기를 겪고 있다는 징조가 여럿 보이고 있다.
변호사 시장의 경쟁이 심화되자 다른 직역까지 넘보고 있다.

과거에는 거들떠보지도 않던 세무사나 법무사의 영역에도
변호사들이 눈을 돌려 그 직종의 종사자와도 갈등을 빚고 있다.
예전의 변호사가 어디 밥그릇 싸움을 하던 직업이었던가?

계산원cashier도 사라진다. ATM은 은행원을 감소시켰다. 모두
로봇과 자동시스템 탓이다. 군인도 무인 비행기와 같은 기계들이
늘어나면 감소할 수 있다. 이미 많은 전쟁에서 인간을 대신해
로봇의 활약이 대단하다. 첨단 무장 로봇 시스템이 적군과 아군을
구분하여 적을 일망타진 했다. 베이비시터도 기계가 대체할 수
있다. 기본적인 돌봄 기능 이외에도 오락 기능까지 수행하니
아기들이 인간 도우미들보다 더 선호한다.

산업계 지도를 바꾸고 있는 핵심 트렌드는 '인공지능AI'

현재 IBM의 슈퍼컴퓨터 왓슨이 이미 암 진단 정확도에서 숙련된
의사를 넘어서는 상황이다. 아마 미래에 사람 의사는 눈 씻고
찾아도 볼 수 없을지도 모른다.

자율주행 차가 상용화되면 택시 운전사를 비롯한 많은 운송업계
관련 직업들이 사라질 것이다. 관광버스와 트럭 기사가 실직할
것이고, 정유회사, 주유소, 자동차 부품사가 피해를 입을 것이다.
무인운전 시스템 덕분에 사고가 현저히 줄면 보험업 종사자들 역시
감원될 수밖에 없다. IT 회사에서 만들어지는 자율주행 차의
부품은 2만 개에서 5천 개로 줄어든다. 이렇게 되면 기계공학 전공

엔지니어의 수요도 줄게 될 것이다.

회계사도, 항공기 승무원 등도 사라질 가능성이 높은 직업으로 꼽힌다. 인공지능을 활용한 슈퍼컴퓨터는 치안을 담당하는 경찰과 국가 안보를 맡고 있는 군대에 변화를 가져올 것이다. 현재의 CCTV와 달리 이 새로운 기기는 학교폭력이나 성범죄 피의자의 행동을 사전에 예상할 수 있고, 북적이는 공항에서 미심쩍다고 여겨지는 인물을 인지할 수도 있을 것이다. 현재 아파트와 대형 건물 등에서 일하는 경비원들의 상당수는 다른 일자리를 알아봐야 할 것이다.

대량 실업 등 최악의 시나리오를 피하려면 로봇이 대체할 수 있는 단순 기술을 가르치기보다 창의력, 감수성, 문제 해결 능력을 기르는 교육·훈련에 집중해야 한다

이처럼 IT 혁명에 따른 노동인력 대체란 사회적 충격이 아직 실감하지 못하는 사이에 다가오고 있는 것이다. 그나마 안도할 만한 점은 로봇이 대체할 수 있는 단순 기술의 직종은 사라지지만 인간의 감성이나 창조력, 고도의 문제 해결 능력을 필요로 하는 직종은 미래에도 여전히 살아남을 거라는 사실이다.

고령화 시대 생존전략
'나누고 줄이고'

요즘 유통업계의 가장 뜨거운 화두는 '소형화小形化'이다.
노령화와 만혼, 출산율 감소 등으로 1·2인 가구가 급증하는
사회구조적 변화 때문이다. 기존 상품을 자르거나 덜어내
부피를 줄이는 것은 기본이다. 유통사들은 각종 과일과 채소
품종까지 작은 크기에 맞춤형으로 별도 개발하고 있다.
홍성태 한양대 교수는 "국내 가구 중 1·2인 가구 비중이
53%에 달하는 상황에서 상품을 한꺼번에 사지 않고 딱 한 번
쓸 만큼만 사는 소비자가 늘고 있다"며 "유통기업이
살아남으려면 이런 시대 흐름에 맞춰 변신하는 게 필수가
됐다"고 말했다.

[나누고, 줄이고… 유통업계 "작아야 잘 팔린다" (조선일보 '15.7.9)]

고독사, 아무도 모르는 적막한 말로

우리나라에서도 저소득층 어르신 1인 가구에서 고독사가 많이 발생하고 있다. 그런데 더 심각한 문제는 젊은 층이나 중년층의 고독사도 종종 발생한다는 사실이다. 대부분 가족과 사회와의 관계가 단절되고 생활환경이 곤궁해진 사람들이다.

취업을 못 하고 공부를 하다가 고시원에서 자살한 고독사 청년이나 최저생계비도 없는 취약계층의 아픈 중년도 고독사한 모습으로 발견되고 있다.

최근 일본에서는 '고독사 보험'이라는 것이 생겼다고 한다. 고독사로 인한 집주인의 부담을 덜어주면서 동시에 독거노인이나 나홀로족의 입주를 수월하게 해주기 위해 만든 보험 상품이다. 대체로 고독사 하는 사람들이 가족이나 친척과 연락이 잘 안 되는 경우가 많아서 생긴 고육지책이 담겨 있다.

아기 울음소리보다 곡소리가 더 많은 나라

바이오의료 기술의 발달로 수명이 늘어나는 것과 반비례해 출산율은 갈수록 떨어지고 있다. 정원을 못 채우는 고등학교나 대학이 엄청 많다. 학령인구의 감소는 학교의 구조조정으로 이어질 수밖에 없다.

심각한 인구절벽으로 인해 학교 자리에 요양시설을 세우는

지자체도 많다. 초중고 학생보다 경로당이나 노인대학의 머릿수가
더 많은 농어촌 지역도 아주 많다. 아기들이 태어나지 않아서
폐업하는 산부인과와 소아청소년과도 계속 늘고 있다.

　65세 이상 노령인구가 7% 이상일 때 고령화 사회, 14% 이상일
때 고령사회, 20% 이상일 때 초고령 사회라고 하는데 우리나라는
2017년부터 고령사회에 진입할 것으로 예측되고 있다.

노령 인구가 넘치는 일본에서 배워야 하는 것

　고령화를 가장 먼저 겪은 일본에서는 시니어, 노인, 실버 등의
단어가 아닌 '엘더'(연장자), '새로운 어른' 또는 '50+세대'라는 단어를
사용한다.

　일본에서는 경험과 지혜를 살려 은퇴 후에 사회적 활동에
종사하는 노인들을 바라보는 시선이 우호적이고, 국가도 그들을
적극적으로 지원하는 시스템을 갖추려고 노력한다. 그런 점에서
일본을 많이 벤치마킹할 필요가 있다. 하지만 그전에 먼저
고령자를 바라보는 부정적인 시선부터 바꿔야 한다.

　고령 인력이 갖고 있는 강점을 활용할 수 있는 사회 인프라,
기업 시스템을 갖춰야 한다. 나이 든 사람 역시 사회에서 어른,
멘토mentor로서의 대우를 받기 충분한 전문성과 품성을 갖추도록
노력해야 한다.

　고령자가 많아지는 사회에 맞춰 미래는 변화하게 된다. 전통적인

과자 소비층이 점점 감소하니까 제과업계에서는 성인용 과자를
만들어 팔고 있다. 사실상 산업계에서도 일본은 이미 젊은 층을
포기하고 은퇴하는 시니어층에 주력하고 있다.

우리나라도 이런 고령자들을 타깃으로 한 시니어 마켓을
활성화한다면 새로운 소비수요와 일자리 창출이 충분히 가능해질
것이다.

"나누고, 줄이고 작아야 잘 팔린다"

하나씩 낱개로 파는 쿠키
손질해서 조금씩 담은 야채
일반 수박보다 작게 품종을 개량한 수박

요즘 마트에 가면 불과 몇 년 전과 다르게 흔히 볼 수 있는
풍경일 것이다.

고령화와 만혼, 출산율 감소 등으로 1·2인 가구가 급증하는 사회
변화 속에서 유통기업이 살아남기 위해 '나누고 줄이는' 전략을
쓰고 있다. 기존 상품을 자르거나 덜어내 딱 한 번 쓸 만큼 부피를
줄이는 것은 물론 각종 과일과 채소 품종까지 작은 크기에
맞춤형으로 별도 개발하고 있다.

1·2인 가구 소비자의 제품 구매 패턴을 분석하고 맞춤형 제품을
개발하지 않으면 기업도 살아남을 수 없는 세상이 된 것이다.

둘.

0

'新판게아'에서
살아남기[15]

15 판게아란 독일의 기상학자 베게너가 제창한 것으로, 지구가 판 하나로 연결된 가상의
원시대륙을 의미하며 '지구 전체'라는 의미의 그리스어에서 유래. 新판게아란 전 세계가
국경이 사라져서 어디든지 이동이 가능한 연결된 지구를 의미.

알파고 시대에 바뀌는 것들

미래의 초연결 사회에서는 여러 대륙이 거대하게 하나로 뭉쳐진 대륙 '판게아'가 충분히
실현될 수 있다. 쉽게 말해 전 세계가 국경이 사라지고 하나가 된다. 통합된 유럽의 확장판이
新판게아 시대의 미래이다.
이런 新판게아 시대에 어떤 일이 벌어질지 탐색하는 것은 생존을 위한 가장 기본적인
본능이다. 4차 산업혁명이 도래하면 지금 각광받는 직업은 사라지고, 지금까지
저평가되었거나 아예 존재하지 않은 직업들이 흥할지도 모른다.
인공지능과 사물인터넷의 시대를 살아가기 위해서 준비해야 하는 것들, 바뀐 제도나
시스템에 적응하기 위해 갖춰야 할 것들을 미리 배우는 것은 미래 준비의 필수불가결한
덕목이다.

청년실업,
한국만의 현상이 아니다

ILO에 따르면 전 세계 청년 노동 인구의 약 38%는 빈곤
상태에 있다. 사하라 사막 이남 지역 아프리카 국가들이
선두다. 빈곤 상태에 처한 청년 노동 인구의 비율이 70%에
달한다. 아랍 국가들도 39%, 남아시아 지역도 49%로 높은
비율을 기록하고 있다.

마땅한 일자리의 부재는 청년들의 이민 행렬의 주요 원인이
되고 있다. ILO에 따르면 지난해 기준 전 세계 청년 인구의
5분의 1은 영구히 다른 나라에 이주해 살기를 원하는 것으로
나타났다. 빈곤율이 높은 사하라 이남 지역 아프리카와
라틴아메리카에서 이주를 원하는 청년들의 비율은 38%
가량으로 특히 높았다. 동유럽 지역에서도 37%로 높은
수준을 기록했다. 반면 남아시아와 북미 지역 청년들은
이주를 가장 꺼리는 경향을 보이는 것으로 분석됐다.

[희망 안 보이는 청춘, 전 세계 청년실업 7,100만 명 시대 (헤럴드경제 '16.8.25)]

청년 실업은 뉴노멀 시대의 전 세계적 추세

청년실업은 우리나라에서만 일어나는 고유 현상이 아니다. 기계화와 정보화로 일자리는 줄고 인구는 증가하면서 실업은 글로벌 이슈가 된 지 오래다.

JTBC에 '비정상회담'이라는 프로그램이 있다. 출연자들이 외국에서 온 20~30대의 젊은이들이다. 왜 그 외국 출연진들은 우리나라에 왔을까? 아무리 미화하더라도 실상은 먹고살기 위해서 그들에게는 타국인 한국에 온 것이다.

우리도 직업의 지경地境을 넓히는 사고를 해야 한다. 이 좁은 나라를 탈출해서 인력 수요가 있는 해외에 나가는 것을 두려워하지 않아야 한다. 또 그만큼 준비를 해야 한다. 뉴노멀 시대, 초연결 사회에서는 일자리 수요가 있는 나라로 달려갈 수 있는 능력이 있는 사람이어야 그나마 기회를 차지할 수 있다.

자립하지 못한 자녀들과 부모들과의 갈등이 커지고 있다

취업 빙하기로 인해 경제적으로 사회적으로 자립하지 못한 자녀들과 부모들이 빚는 갈등은 우리나라에서만 벌어지는 것이 아니다. 프랑스에선 이런 젊은이들을 '탕기tanguy'라고 부른다. 영국에선 '키퍼스kippers'라 부른다. 부모의 퇴직 연금을 빨아먹고 사는 아이들kids in parents pockets eroding retirement savings의 줄임말이다.

캐나다에서는 직장 없이 이리저리 떠돌다 집으로 돌아와
생활한다고 해서 '부메랑 키즈boomerang kids'라고 한다. 독일에서는
집(둥지)에 눌러앉아 있는 사람을 가리키는 '네스트호커Nesthocker',
일본에서는 '기생독신寄生獨身' 혹은 돈이 급할 때만 임시로 취업할
뿐 정식 직장을 구하지 않는 '프리터freeter' 등으로 부른다.
미국에서는 청소년기와 성인의 중간지대로 떠오른 새로운 유형의
세대를 '트윅스터Twixter', 즉 '낀 세대'라고 부른다. 마마보이를
뜻하는 이탈리아의 '맘모네mammone'도 있다.

우리나라에도 성인이 되어서도 독립하지 않고 부모에게 얹혀
사는 자식들을 가리키는 말로 '빨대족', '캥거루족' 등이 있다.

사실 요즘 젊은이들은 힘겹다. 웬만한 대학을 졸업해 취업을
하더라도 20~30년 전 블루칼라 수준의 지위에 머물 수밖에 없다.
그래서 몸은 다 자랐어도 경제적으로, 정서적으로 부모에게서
독립하는 것을 매우 불안해한다.

청년 실업은 전 세계 공통의 문제

그리스는 25세 미만 인구의 실업률 이른바 청년실업률이
50.3%를 기록하고 있다. 그리스 다음으로 스페인(43.9%),
이탈리아(39.2%), 포르투갈(26.3%), 프랑스(24.4%), 핀란드(21.7%) 등의
순이다. 영국을 포함한 유럽연합EU 28개 회원국의 청년실업률은
평균 18.8%이다. 러시아나 브라질 등 신흥국 청년들의 사정도

그다지 밝지 않다. 원자재 가격이 폭락해서 경기 침체에 빠져있기 때문이다.

현재 일을 하고 있는 청년들이라고 해서 모두 풍족한 삶을 누리고 있는 것도 아니다. 전 세계의 노동을 하는 청년 중 많은 수가 빈곤상태에 머무르고 있다. 빈곤 노동 청년 중 남성들에 비해 여성들의 상황은 더 열악하다.

일자리와 관련한 세대갈등은 오해에서 비롯됐다

일자리 문제는 청년 세대와 취업한 고령 세대 간의 갈등으로 번지고 있다. 노후가 불안해 정년퇴직 이후에도 일손을 놓지 못하는 베이비붐 세대 등 고령층들이 많이 늘어났는데 이를 청년 세대가 곱지 못한 눈길로 바라보면서 갈등이 일어나고 있다. 하지만 이런 많은 청년들이 주장하는 '일자리 세대갈등론'의 책임은 고령자에게 있지 않다.[16]

청년층과 고령자 층이 취업하는 직종군의 중복비율을 꼼꼼히 분석한 결과 같은 군群의 일자리에서 신구세대가 맞붙어 경쟁하는 비율은 사실 그리 높지 않았다.

예를 들어 서비스 업종만 따지고 봐도 청년층은 도소매업이나

....

[16] 한겨레, ["고령층 고용 늘려도 청년 고용 안 줄어"…노동 전문가들, '세대 갈등론' 반박], (2015. 6. 24)

음식점, 주점, 보건의료 분야로 취업한다면 고령자는
사업지원서비스나 물류 등 부가가치가 낮은 영역에 취업한다.

고령층이 청년층의 일자리를 잠식하는 것은 괜한 기우일 뿐이다.
일자리가 만들어지지 않아 일어나는 갈등과 분노를 상대방 세대를
무차별 비난하는 것으로 해소해서는 안 된다. 그것보다는 기존
취업자나 기업들, 그리고 국가가 일자리 공유를 위해 무엇을
어떻게 해야 하는지를 건설적으로 토론하고 제안하는 것이
더 낫다. 파이를 키워야 나눠 먹을 것이 많아진다.

4차 산업혁명 시대의
교육법[17]
....

4차 산업혁명에서 필요한 교육은 통합적 사고와 인지능력을
갖춘 다기능인multi-skilled worker을 기르는 것이다. 그러려면
외우는 교육, 이해하는 교육에 머물 것이 아니라 상상하는
교육으로 승화시켜야 한다. 교육의 틀과 내용도 과감히
바꿔야 한다. 공식이나 특정 사실을 외우거나 계산을 하는
교육은 인공지능의 몫이 될 것이고 인간에게 필요한 교육은
인지능력과 종합적 사고를 통한 감성계발 능력을 배양하는
교육이다. 서울에서 뉴욕까지 1시간 반, 서울에서 부산까지
10분밖에 걸리지 않으며 머리카락 굵기의 100만 분의 1인
신소재 그라펜이 개발되고 인간의 게놈지도를 1년 이내에

....

17 서울신문, [이현청 교육산책], (2016. 12. 12)

1,000달러의 비용으로 완성해낼 수 있는 시대가 도래했다.
기존의 교과내용, 교수 방법, 캠퍼스 중심의 교육관으로는
적응할 수 없다. 그러므로 우리 교육은 2030년의 변곡점을
예견하고 4차 산업혁명에서 필요한 교과내용과 학습체제로
대전환을 해야 한다.

[4차 산업혁명시대의 교육 (서울신문 '16.12.12)]

'아는 것에서 할 수 있는 것으로'
학생과 기업이 행복한 산학협력교육

3차 산업혁명기까지 우리 교육은 암기 위주의 교육과 형식적
지식교육을 통한 반복 학습을 강조해 왔다. 전공 영역 간의 칸을
막는 공부를 했다. 이는 산학협력 시스템을 활성화시키지 못하는
원인이 되었다.

캠퍼스 중심의 경직된 교육 패러다임으로는 살아남기 어려운
시대다. 교육의 틀도 학교 교육 중심이 아니라 평생학습 교육
중심으로 변해야 한다. 교과과정도 융복합 교과과정과 문제해결형
교과과정으로 편성되어야 한다. 누군가의 도움 없이 혼자 공부하는
법을 학생들에게 가르쳐야 한다.

미래사회 덕목인 협동능력을 기를 수 있는 교육을 실시해야
한다. 학생들은 다양한 그룹이나 팀과 함께 목표달성을 위해
어떻게 하면 효율적이고 능률적으로 협동할 수 있는지를 배워야

한다. 팀 교육Team Learning으로 학생이 모든 멤버, 리더들과 효율적인 학습을 위해 노력하는 능력을 배울 필요가 있다.

학생들 간의 상호교류와 교수 간의 상호작용을 강조해야 한다. 지식과 기술을 함께 공유하고 새로운 아이디어를 제안해 기술을 발전시키고 팀워크, 상대 팀과의 협상, 협력을 통해 좀 더 나은, 좀 더 새로운 아이디어를 탐구해 합의하는 과정을 배워야 한다.

대학교육도 달라진 고용 환경과 취업 시스템과 맞물려 새로운 형태, 방식을 도입해야 한다. 창업 관련 교육과정을 설계하고, 기업과 연계해 도전과 창조 정신을 키워주는 지원 시스템을 만들어 '취업'에 무작정 목매다는 문화를 바꿀 필요가 있다. 새로운 직업을 만드는 '창직'에 관한 교육도 제공해야 한다.

또한, 학생들이 사회에 보다 쉽게 진출할 수 있도록 아예 산학연계 수업을 내실 있게 도입해야 한다. 산학협력 시스템이 활성화되려면 대학은 기업에 빗장을 풀어야 한다. 기업이 요구하는 교육 과정을 함께 머리를 맞대고 개발하는 노력을 보여주어야 한다. 기업들은 미래 인재를 자신들이 키운다는 생각으로 대학을 지원해야 한다. 내실 있는 산학연계 수업은 학생과 기업 모두에게 높은 만족감을 줄 수 있다.

소프트웨어 교육과 기초교육, 소프트웨어를 기반으로 하는 융합교육

통합적 사고와 인지능력을 갖춘 인재를 기르려면 교육의 틀과 내용도 바꿔야 한다. 미래 인재를 기르기 위해 필요한 교육은 인지능력과 종합적 사고를 통한 감성계발 능력을 배양하는 교육이다.

4차 산업혁명에 대비해 미국, 영국, 독일과 일본 등 선진국들은 소프트웨어 교육과 기초교육, 소프트웨어를 기반으로 하는 융합교육을 강화하고 있다. 스마트 시대에 스마트 인간, 스마트 교육을 강조하고 있지만 우리는 아직도 갈 길이 멀다.

학벌이 아니라 실전 능력이 중요하다

우리는 좋은 학교 출신이면 그 사람을 대단한 사람으로 생각하지만, 유대인은 '지금 계속하여 공부하고 있느냐'를 따진다. 배우기를 중단하면 과거에 아무리 대단한 일을 했다 해도 현재에는 그리 좋은 평가를 받지 못한다. 학문에 높고 낮음은 없다. 하지만 아직도 우리 나라는 많은 사람들이 학교 간판에 연연하느라 실전 능력을 무시하곤 한다. 하지만 제대로 자신의 인생을 개척하려는 사람들 중에는 일반 대학을 졸업하고도 실무능력을 배우기 위해 전문대학으로 유턴하는 사람들이 많다.

'성적'보다 '꿈'을 중요하게 여기고, 무조건 대학에 진학하는 것만이 능사가 아니라고 생각해 특성화고에 진학하는 청소년들도 많아지고 있다. 학벌에 연연하는 것보다 자신의 포지셔닝에 대한 생각을 단단하게 다지는 게 더 중요하다. 다양한 진로를 생각해

보고, 자신에게 최적화된 길을 선택해 미래를 설계하려는 학생들과 부모가 정해주는 학교를 아무 생각 없이 들어가는 학생들은 삶을 대하는 태도 자체가 확실하게 다를 수밖에 없다.

고등학생 때부터 직업 준비를 할 수 있는 기회를 학생들에게 제공해 직업에 대한 경험과 이해를 평생 같이할 수 있게 하는 게 중요하다.

높은 학력을 쌓아 성공을 할 수 있는 길도 있겠지만 직업 교육을 통해서 성공을 할 수 있는 길도 부지런히 만들어야 한다. 학생의 다양한 적성에 따라 어떤 경로를 통해서든 열심히만 한다면 성공한 중산층이 될 수 있는 나라여야만 건강하고 부강해질 수 있다.

인생 재설계는
빠를수록 좋다

은퇴 이후 대략 10~20년을 더 살았다. 불과 얼마 전까지는 그랬다. 그러나 퇴직은 빨라지고, 수명은 길어졌다. '100세 시대'는 단순한 구호가 아니라 현실이다. 살아온 만큼 더 살아야 하는 건 인류가 최초로 마주하는 경험이다. 50년을 살아왔고, 50년을 더 살아야 한다는 의미에서 '50~64세' 인구를 지칭하는 용어도 새로 등장했다. 바로 50+다. (중략)

"은퇴자 대부분이 쫓기듯 퇴직하죠. 그러니 뭔가 허탈합니다. 살아온 만큼 더 살아야 하는데 배움을 망설이면 안 되죠. 정부든 지방자치단체든 재교육 프로그램이 많습니다. 50+캠퍼스도 그렇고요. 직장인 과정도 있고, 주말 과정도 있습니다. 기회는 많다는 거죠. 이렇게 미리 배우러 나서야 은퇴 뒤 부담을 덜 수 있고 그 사이 새로운 관계망도 형성할 수 있습니다. 향후 20년 동안 겪을 변화는 이전 20년

은퇴자들이 가장 많이 하는 창업이 '치킨 가게'라고 한다. 그런데
이렇게 포화상태가 된 레드오션으로 차별화도, 준비도, 전략도
없이 뛰어든 은퇴자들이 좋은 결과를 거둘 리가 없다. 대부분
적자를 내고 폐업하는 수순을 되풀이하고 있다.

지금 전 세계적으로 경제는 저성장 기조에 있고, 각 나라마다
재정난에 시달리고 있다. 이에 따라 가난하고, 아프고, 외로운
은퇴자들이 많이 발생하고 있다. 게다가 이들은 이전의 세대와
달리 자식들에게 '핏줄 봉양'도 못 받는다. 그들에게 노후는 상당히
'공포스러운' 시간이다.

100세 시대 '트리플 인생 전략'으로 축복의 시간을 맞이하자

100세 시대 인생을 잘 설계해야 한다. 인생을 크게 3단계로
나눠본다면 대부분 '학습, 직업, 은퇴'라는 변곡점으로 크게
나눠진다.

대학교까지 다닌 후, 직장에 들어가 일을 하다가 60세 전후로 은퇴한다. 사람들은 이렇게 일반적인 인생 사이클에 따라 별다른 대비 없이 살기 마련이다. 그러나 100세 시대에는 이러면 안 된다. 예전에는 은퇴할 때 받은 퇴직금으로 노후를 대비할 수 있었는지는 모르지만, 지금은 그것이 아주 힘들어졌다. 왜냐하면 이전보다는 훨씬 긴 은퇴 이후의 기간을 가지기 때문이다. 만약 50대에 직장을 그만두면 30~40년의 세월을 감당해야 한다. 이것을 무시했다가는 은퇴 후 삶이 '재앙'이 될 수 있다.

건강이나 재산 등 개인적인 상황뿐만 아니라 사회정치적 외부환경의 불확실성이 유난히 심한 우리나라에서는 공부하는 것도, 직업을 갖는 것도, 은퇴 이후의 삶을 구상하는 것도 쉽지 않은 일이다. 그런 의미에서 100세 시대를 대비하여 '학습, 직업, 은퇴'라는 주기를 고려하면서도 기존과 다른 개념으로 노후 준비를 재설계할 필요가 있다.

과거의 학벌이 아닌 현재의 공부가 중요하다

예전과 같이 대학에서 전공한 것만으로 평생 살아갈 수 있다고 자신해서는 안 된다. 끊임없이 뭔가를 배우려고 노력해야 한다. 하지만 우리나라는 어느 순간부터 공부가 삶이 아니고 무엇을 이루기 위한 목적이 돼버렸다. 그러다 보니 목적을 이루면 그 순간 공부도 끝마치게 된다. 학교에 들어가는 수단, 직업을 얻는 수단,

결혼하기 위한 도구로 졸업장을 중시한다. 우리는 학교를 졸업하면
공부가 거의 끝이 난다. 학교에서 배운 책은 모두 내다 버린다.
책을 버린다는 것은 쓸모없는 공부가 많다는 것을 의미한다.
새로운 책도 사지 않는다.

　영성과 인성에 대한 공부도 별로 하지 않는다. 인생의 행복은
영성과 인성 교육에서 비롯된다. 신과 인간의 선한 영향력을 믿는
사람들이 대체로 행복한 편인데 그런 공부를 하지 않으니 삶의
만족도가 높게 나올 수 없는 것이다.

스스로 평생학습을 통해 끊임없이 자기 혁신을 해야 한다

"청춘의 매력은 꿈을 위해 무언가를 저지르는 것이다."

　1928년에 태어났던 옛날 사람임에도 불구하고 자기 혁신을 통해
세 번이나 직업을 바꾼 미래학자 앨빈 토플러의 말이다. 대학 졸업
후 5년간 용접공으로 일했었던 그는 기자 생활을 거쳐 여러 기업의
연구원으로 있는 동안 일찍이 컴퓨터, 통신, 인공지능^{AI}의 세계를
접했다. 그리고 이후 학자이자 저술가로 명성을 떨쳤다.

　솔직히 어려운 일이다. 나이가 들수록 새로운 것에 도전하는
것이 쉽지만은 않다. 하지만 첨단기술이 시시각각으로 바뀌는
사회에 적응하기 위해서는 나이 들수록 오히려 더 배워야 한다.

　학교 교과과정을 배우는 데서 끝나는 것이 아니라

성인교육기관이나 온라인을 통해 원하는 공부를 해야 한다. 그렇게
필요한 공부를 할 수 있는 환경도 충분히 만들어지고 있는
세상이다. 요즘은 필리핀이나 미국의 강사에게 인터넷으로 연결해
영어회화 교육도 받을 수 있다.

　2030년이 되면 평균수명이 100세가 되고 건강한 노년기를
맞이하기 때문에 60세면 은퇴한다는 공식도 사라질지 모른다.
왕성해진 지적 호기심을 해소하거나 사회에 공헌하고 싶어서 다시
공부를 시작하는 노인들이 계속 늘어날 것이다.

퍼스널 브랜딩[18]이 중요하다

　인간의 평균 수명은 계속해서 연장되는 데 비해 급격한 경기
불확실성으로 인해 기업의 수명은 오히려 짧아지고 있다.
한 사람이 일생동안 여러 개의 다른 기업에서 근무하거나 창업을
할 수 밖에 없게 된다. 평생직장이 없어지고 10년에 한 번씩 직업을
바꾸는 시대를 맞이하면서 '퍼스널 브랜딩'은 매우 중요한 것이
된다.

　전문성을 가진 인재들이 유연하게 뭉쳤다 흩어졌다 하는 미래의
고용 환경 속에서는 '퍼스널 브랜딩'이 뛰어난 개인이 인기를 누릴

---

18 Personal Branding: 기업의 브랜딩 과정을 개인에게 적용한 것. 한 개인의 매력적인 모습을
　찾아내어 타인에게 긍정적인 인상을 줄 수 있도록 브랜드화하는 작업.

것이다.

피터 드러커는 젊은이들에게 3~4년마다 전공분야를 한 개씩 새로 선정해서 전문가 수준으로 실력을 높이라고 조언했다. 드러커 자신부터 30세부터 실천해 전문가를 능가하는 수준의 전공분야만 15개가 넘었다. 재미로 했던 일본예술을 캘리포니아 대학교에서 5년을 가르치기도 했다.

고령자, 은퇴자들도 충분히 일할 수 있다

고령자들을 어떻게 잘 활용하고, 은퇴 이후 시간을 어떻게 보내느냐가 사회적 화두가 된다. 그러기 위해서는 고령 인력에 대한 한국 기업의 관점도 바꿔야 한다. 과거에 고령 인력을 그저 '비용'으로 보던 인식에서 벗어나 고령 인력이 가지고 있는 기술, 관리능력 등의 강점을 기업이 잘 활용하려는 생각을 해야 한다. 고령 인력은 숙련된 기술과 축적된 노하우를 가진 귀한 자원으로써 기업의 성과 창출에 충분히 기여할 수 있다. 조직의 어른으로서 조직 문화를 다잡고 새내기 사원들에게 멘토 역할을 할 수 있다는 것과 젊은이들에 비해 이직률이 낮다는 강점이 있다.

최근 미국에서는 잦은 결근과 만만치 않은 의료비 부담 때문에 회피하던 고령 인력을 업무 수행 능력이 좋고, 이직률이 낮다는 점 때문에 다시 고용하는 사례가 늘고 있다고 한다. 고령자 스스로도 고령 인력에 대한 선입견을 깨뜨리는 사람이 되도록 해야 한다.

나이 든 사람은 새로운 것을 배우기를 꺼리고, 느리게 배우고,
기존의 관행이나 타성에 익숙해 과감한 도전 또는 새로운 업무
수행을 거부하는 성향이 있다는 편견은 말 그대로 편견일 뿐이라는
것을 보여줘야 한다. 젊은 사람들한테도 적극적으로 배우려 들고,
새로운 도전도 마다하지 않는 고령자는 창업이나 재취업을
선택해도 성공할 가능성이 매우 높다.

직업이 아닌
업業을 찾아야 한다

·························

"열심히 공부해 좋은 대학을 나오면 출세한다는 성공
방정식은 더 이상 유효하지 않다. 이제 질문도 '커서 뭐가
되고 싶으냐'(직업·職業)가 아니라 '뭘 하고 싶으냐'(업·業)로
바꿔야 한다." (중략) 김 의장은 "(일류대학 입학을 위해 치열하게
경쟁해 온) 옛 성공 방정식은 과거 한국의 압축 성장에 크게
기여했지만 이제는 (대학 진학률 85%에 달하는) 과잉 학력과 갈 곳
모르는 청년만 남아 있다"며 "100세 수명 시대에 하나의
직업으로 평생을 살아갈 수 있는 것도 아니다"고 했다.

[김범수 카카오 의장 "게임 룰이 바뀐다, 직업 찾지 말고 스타트업하라"(한국경제 '16.5.26)]

이제는 '직업'이 아닌 '업'의 시대

　미래에는 평생직장이라는 개념이 사라진다. 지금 20~30대는 평균 4.4년에 한 번 직업을 바꾸게 된다. 인류 최초 인공 지능과 일자리를 두고 경쟁해야 하는 Z세대들은 일생동안 평균 20여 개의 직업을 갖게 될 거라는 예측도 있다. 게다가 이들이 갖게 될 직업의 60% 이상이 현재는 아직 탄생하지도 않은 직업이라고 한다.

　그러므로 아이들에게 "커서 뭐가 되고 싶니?"라고 묻는 것은 어리석은 일이다. 언제 어떻게 사라질지도 모르는 직업일지도 모르니까. 그래서 질문을 바꾸어야 한다.

　　"어떤 일을 하고 싶니?"

　넓은 의미에서 평생 할 수 있는 '업'을 찾아야 한다. 예를 들면 의사라는 '직업職'이 아니라 병을 치료하는 '업業'을 갖고 싶다고 얘기해야 한다.

　꼭 의사가 되지 않아도 아픈 사람을 돕는 길은 많다. 물리치료사도 있고, 스포츠마사지사도 있고, 심리상담사도 있다. 미술이나 음악을 하면서 자폐아를 돕는 일, 건강식품을 만들거나 파는 일도 할 수 있다.

　사람을 행복하게 하는 일을 하고 싶다면 좋은 선생님이 될 수도 있고, 개그맨이나 예술가가 될 수도 있고, 마찬가지로 아픈 이를 도와 웃음을 찾게 해주는 의사나 의족 개발자가 될 수도 있는 것이다. 업은 직업의 스펙트럼을 넓혀줄 수 있다.

평생직장 시대, 융합능력을 기르자!

우리나라는 IMF 위기 이전에는 평생 한곳의 직장만 다니는 '평생직장'이 가능했다. 그래서 회사는 충성심을 가진 인재를 좋아했다. 그 분야에 전문성을 가지고 있으면 더 환영했다.

하지만 미래에는 자신의 전문성을 무기로 여러 분야를 융합하며 새로운 직업을 개척하는 인재가 각광받는다. 기존 사업과 업종을 뛰어넘는 새로운 사업, 혁신적인 제품 창출에 전력을 기울이는 기업일수록 도전의식, 창의성을 가지고 혁신을 주도하는 인재를 영입하는 것에 사활을 건다.

창의적 인재가 되기 위해서는 일상생활 속에서 항상 주변을 관찰하며 '왜 그럴까?'라는 의문을 가지고, 그 호기심을 실천으로 선순환시켜야 한다.

미래에는 많은 사람이 뛰어드는 분야(레드오션)에서 오직 나만 할 수 있는 방식으로 결과를 만들어 내는 사람이 인재다. 모두가 가진 스테레오 타입의 스펙은 전혀 필요 없다. 오직 나만이 할 수 있는 오리지널 콘텐츠와 재능을 갖고 있어야 한다.

업業을 찾는 직관은 지식이 아니라 경험에서 나온다

자신이 평생 하고 싶은 업을 찾는 가장 좋은 방법은 직접
체험하는 것이다. 이것저것 해보면서 실패와 성공전략도 깨닫고
자신의 선호도 체크하면 좋다. 다른 사람들이 우르르 몰려가는
레드오션에 아무런 철학도 없이 뛰어들었다가는 망하기 십상이다.

창업에서 유대인만큼 독보적인 민족도 없다. 창업률도
높을뿐더러 창업 성공률도 높다. 그런데 역설적이게도 그들은 창업
후 실패도 가장 많이 겪어본 사람들이다. 유대인들에게는 실패를
격려하고 다시 일어설 수 있도록 지원해주는 시스템과 문화가
있다.

이스라엘은 고등학교를 졸업하고 바로 군대에 간다. 이스라엘의
고등학교는 대학입시 중심으로 교육하지 않는다. 대학을 갈지
직장을 갈지를 군대에서 정한다.

이스라엘 군대에는 '탈피오트'라는 엘리트 양성 프로그램이 있다.
물리나 수학에 뛰어난 젊은이들이 지원한다. 벤처기업들 사이에서
독특한 발상을 가진 이 탈피오트 출신자를 영입하기 위한 쟁탈전이
벌어질 정도로 탈피오트는 창업 인재의 산실로 불린다.

대학을 가기 전 많은 청년들이 일여 년 동안 세계 일주 여행을
하는 경우가 많다. 길 위와 그곳에서 만나는 무수한 사람들에게서
그들이 배우는 것들은 무궁무진할 것이다.

미래 예측이 불가능한 상황에서는 가장 좋아하는 분야를 선택해야 한다

정확히 예측하기가 불가능한 미래를 대비하는 것은 쉽지 않았다. 그렇다면 자신이 세상에서 제일 좋아하고 열정을 느끼는 분야를 선택하는 것이 가장 현명하다. 100세 시대를 맞이해 70세까지 일한다고 가정한다면 정말로 자신이 즐길 수 있는 분야에 종사하는 것이 얼마나 소중한 일인지를 알 것이다. 일단 진로를 선택했다면 수박 겉핥듯 대충 해서는 안 된다. 완벽한 전문성으로 같은 영역의 사람들과 함께 즐거운 일을 하는 것이야말로 정말 행복한 일이다.

전문성과
집단지성을 키워라

"과거 과학 분야의 노벨상 수상자들은 퀴리 부인,
아인슈타인 등 뛰어난 업적을 지닌 '개인'이었지만 최근에는
프로젝트를 공동으로 진행한 팀의 대표들이 노벨상을 받는
사례가 늘어나고 있다. 혼자 할 수 없는 일을 함께 해결하며
변화와 혁신을 이끄는 시대가 됐다. 이 같은 시대 흐름에
따라 글로벌 비즈니스 트렌드도 변화하고 있다. 기업이 각기
다른 전문 분야를 가진 수천 명의 인재를 영입한 후 집단
지성Collective Intelligence의 힘으로 업적을 창출하는
지식산업사회로 나아가고 있다. 집단 지성의 시대에 적합한
인재가 돼라."(삼성바이오로직스 김태한 사장)

["우리의 미래 함께 그리자"…기업과 청년, 서로 묻고 답하다 (중앙일보 '16.10.17)]

프리 에이전트Free Agent가 증가한다

미래에는 조직을 떠나 자신의 지식과 재능 그리고 인맥을 바탕으로 삶을 꾸려가는 임시직, 단독업자, 초소형 사업가들이 늘어나게 된다. 이들을 가리켜 '프리 에이전트Free Agent[19]'라 부른다. 이들은 예전의 조직형 인간과는 다르게 정규직 일자리를 포기하고 새로운 노동방식을 찾아서 떠나는 새로운 노동계급이다. 유연하면서 행복한 자아실현 직업을 선호한다. 의도적으로 사업 규모를 키우지 않고 적절한 수준을 유지하면서 일과 여가, 그리고 일과 가정 사이에 균형을 유지하고자 이 프리에이전트의 고용형태를 자청하는 사람들도 있다.

전문 인력은 국적에 구애받지 않고 프로젝트를 중심으로 일을 하게 된다. 나라별 시차가 존재하는 만큼 지역이나 고전적인 업무시간(09:00~18:00) 중심의 업무는 점차 줄어들고 협업이 가능한 공동 시간대를 정해 일할 것이다.

지식창출만으로도 먹고사는 문제를 해결할 수 있는 시장이 생긴다

지식 중심의 사회가 본격화됨으로써 지식의 창출만으로도

---

19 프리 에이전트(Free Agent): 일정 기간 자신이 속한 팀에서 활동한 뒤 다른 팀과 자유롭게 계약을 맺어 이적할 수 있는 자유계약선수 또는 그 제도.

먹고사는 문제를 해결할 수 있게 된다. 개인은 다양한 역량을
바탕으로 1개의 직업이 아닌 복수의 직업을 갖게 된다. 시간을 쪼갤
수 있고 장소에도 구애받지 않고 모바일 단말기를 통해 복수의
업무를 처리할 수 있기 때문이다.

앞으로 기업은 소수의 핵심 정직원을 중심으로 인력을 유지하고,
필요시 외부 전문가나 프로젝트별 계약 직원으로 일을 진행하는
구조를 갖추게 될 것이다. 온라인을 통한 아웃소싱 시장도
급성장한다.

미래에는 조직원과 조직이 맺는 계약 기간이 점점 짧아진다.
당연히 이런 고용 환경에 준비된 자들은 원하는 시간, 원하는
장소에서, 원하는 조건으로, 원하는 조직을 위해서 일을 할 수 있게
된다. 진정한 의미에서의 자유와 성공을 만끽하는 프리에이전트인
셈이다.

하지만 모든 사람들이 그런 기쁨을 누리는 것은 아니다. 미래를
제대로 준비하지 못한 사람들은 짧아지는 고용관계 속에서
하루하루를 불안하게 버텨야 할 것이다.

'할리우드 시스템'에서 독불장군은 살아남을 수 없다

기업이 각기 다른 전문 분야를 가진 수천 명의 인재를 영입한 후
집단 지성의 힘으로 업적을 창출하는 지식산업사회로 나아가고
있다. 프로젝트를 할 때 '할리우드 시스템'이 정착할 가능성이

높아진다.

할리우드에서는 영화를 만들 때 제작자와 감독을 중심으로 각 분야 최고의 스태프를 영입한다. 능력이 뛰어난 사람들은 조직에 붙박이로 있는 것보다 프로젝트에 따라 모였다 흩어지는 경우가 많기 때문이다. 이렇게 모인 조직에서 아무리 실력이 출중하고 뛰어난 사람이라도 다른 스태프와의 사이가 원만하지 못하면 좋은 프로젝트에 합류하기가 어렵다. 그래서 할리우드 시스템에서는 대인관계 능력을 또 하나의 평가 기준으로 삼는다. 할리우드에서 해당 분야 전문가들의 추천이나 좋은 평판은 성공의 지름길이 된다.

조직 내에서 타인의 평판을 무시하고 독불장군으로 살아갈 수 있는 사람은 없다. 휴먼 네트워크는 나의 부족한 능력을 채우는 소중한 자산이다. 자녀가 원만한 대인관계를 할 수 있는 사람으로 성장하기를 원한다면 '소통능력'과 '배려심'을 기를 수 있게 가르쳐야 한다. 어릴 때부터 자신의 호감도를 높이고 자신을 보다 긍정적으로 어필할 수 있는 방법을 깨닫도록 도와줄 필요가 있다.

알파고를 이기려면
감성과 상상력을 키워라

미국의 격주간 종합 경제지인 '포천' 편집장인 제프 콜빈은
인간 창의력의 비밀이 상호행위를 통해 공감共感하는 능력에
숨어 있다고 본다. 이는 인공지능AI이나 로봇이 결코 인간을
따라올 수 없는 능력이다. 로봇과 AI가 불러올 이른바 '제4차
산업혁명'으로 수많은 직업이 사라질 것이라는 위기감이
팽배하지만, 저자는 "지레 겁먹을 필요는 없다"고 말한다.
오히려 그는 "기계를 이기려 하거나 기계가 인간보다 못하는
것이 무엇인지에 매달리지 말라"며 관점의 전환을 요구한다.
애초에 이세돌은 바둑에서 '계산기계'인 알파고를 이길 수
없었다. 대신 우리는 우리 자신을 탐구해야 한다. 그는
"뛰어난 웨이터는 자신이 어떻게 그럴 수 있는지도 모르는
채로 손님이 짜증 났는지, 피곤한지, 어리둥절해하는지,
신이 났는지 파악하고 그에 맞춰 응대한다. 이것이야말로

영원토록 인간이 누릴 능력"이라고 말한다.

[共感능력 VS 차가운 두뇌… 결국 인간이 이긴다 (조선일보 '16.10.15)]

"2020년이면 정보의 시대Information Age가 끝나고 지식 이상의 가치와 목표를 중시하는 영감의 시대Spiritual Age가 올 것이다."

윌리엄 할랄 조지워싱턴대학교 교수의 말이다.

근래 정보 시대가 낳은 최고의 완결판은 아마도 '알파고'가 아닐까? 알파고는 AI의 가장 대표적인 한계로 여겨지는 '모라벡의 역설Moravec's Paradox'까지 깼다.

'어려운 일은 쉽고, 쉬운 일은 어렵다Hard problems are easy and easy problems are hard'는 모라벡의 역설은 "기계는 사람이 가진 많은 직관적 이해 능력과 상상력을 대체할 수 없다."고 말하는 사람들의 논리 근거로 활용됐던 이론이다.

인간이 분명 비교우위라고 여기는 직관이 한가득 펼쳐지는 바둑경기에서 스스로 학습한 창의적인 수를 놓고 이세돌 9단이 저지르는 실수나 사소한 감정의 흔들림까지 계산하는 알파고의 모습을 보며 놀라움과 불안함을 느낀 사람은 나뿐만이 아니었을 것이다.

결국 알파고의 '지성'과 '직관 능력'을 인정할 수밖에 없었다. 그러나 분명 알파고는 결코 갖지 못하는 인간의 영역이 있다.

감성과 상상력을 갖춘 인간은 결코 AI(인공지능)에 패배하지 않는다

알파고는 '감성'과 '상상력'을 가질 수 없다. 이것들은 탑재할
수도 없고, 가르칠 수도 없는 것들이기 때문이다. 할랄 교수가 말한
영감은 아마 '감성'과 '상상력'과 맞닿아 있을 것이다.

로봇과 AI가 불러올 이른바 '4차 산업혁명'으로 수많은 직업이
사라질 것이라는 위기감도 강하다. 하지만 인간만이 할 수 있는
일들도 무궁무진하다는 것을 알아야 한다.

새로운 일자리에 대한 해법은 기계와 경쟁해 그들보다 일을
더 잘하는 것이 아니라, 기계가 할 수 없는 일을 배울 필요가 있다.
즉, 인간만이 할 수 있는 일을 찾아야 한다.

AI 로봇이 아직 하지 못하고 앞으로도 당분간 할 수 없는 일은
무엇일까?

진정한 의미에서 인간의 창의성과 감수성은 대체가 불가능하다.
어차피 기계의 창의성과 감수성도 지극히 세밀하게 계산된 반응일
뿐이다. 그런 의미에서 4차 산업혁명 시대에는 타인과 나누는
'감성'과 '상상력'이야말로 진짜 경쟁력이라 할 수 있다.

리더십, 팀빌딩, 창의력은 알파고가 어찌할 수 없는 영역이다.
철학적이거나 인간의 심리와 관련한 교육, 상상력이 가득한 분야의
것들도 기계가 할 수 없다.

IBM 왓슨[20]보다는 배려심이 뛰어난 인간 의사가 낫다. IBM

---

20 IBM 왓슨은 'AI 의사'로 미국 MD앤더슨 암센터, 메모리얼 슬로언-케터링 암센터 등에서
의사들에게 암 진단 및 치료 조언을 해 주고 있다.

왓슨이 환자를 진단하는 능력은 뛰어날지 모르지만, 환자와
교감하는 인간 의사를 결코 넘어설 수는 없다.

창조를 이끌어내는 분야가 부상한다

미래 사회에서는 상상력이 중요하다. 상상력을 바탕으로 뭔가를
만들어내는 창조분야가 뜰 것이다. 창의적인 아이디어란 시대를
앞서가는 지식인에게만 있는 것도 아니며 훌륭한 과학자나
예술가에게만 있는 것도 아니다. 창의적인 아이디어가 중요한
역할을 하는 21세기에는 빈곤층, 중산층, 상류층 외에 '창조층Creative
Class[21]'이라는 계급이 존재한다고 한다. 단순근로가 아니라 창의적인
아이디어가 필요한 직책을 창조 근로자로 분류하고 있다. '핵심
창조층'은 과학자, 공학자, 교육자, 컴퓨터 프로그래머, 전문적인
연구원, 예술가, 미디어 종사자 일부들이다. 완전히 창조적인
업무에만 종사하는 계급으로, 혁신적이며 상품과 소비재를 새로이
개발할 수 있는 능력을 갖고 있다.

'단순 창조층'은 고전적인 의미에서 특별한 지식에 기반을 둔
전문근로자들이다. 의료, 기업 금융, 법률 교육 종사자들이 이에
해당한다. 보다 높은 지식을 이용하여 특정한 문제를 해결하는

....

21 미국 토론토대학의 경제학자이자 사회학자인 리처드 플로리다 교수가 말한 용어다.

그룹이다.

과학기술강대국으로 꼽히는 우리나라가 점점 노벨 과학상과 멀어지는 이유는 암기 위주의 주입식 교육과 베끼기 교육을 하면서 학생들의 창의력을 죽이기 때문이다. 상상력과 호기심으로 무장한 엉뚱한 생각의 소유자들을 제도권 학교와 욕심만 많은 학부모가 고사시킨 것이다.

방대한 지식 안에서 독특한 지식을 배합할 수 있는 능력을 키우는 데 필요한 것이 바로 '통섭교육'이다. 해외 선진국에서는 복수 전공을 통해 시각을 넓히고 지독하리만치 치열한 수업과 독서 토론 등으로 진짜 실력을 갖춘 인재를 양성하고 있다. 법학, 경영학, 회계학 등의 학문에 수학과 과학 테크놀로지를 결합시킨 통섭형 학문이 유행처럼 번지고 있다.

공대생이 소설을 읽고 스토리텔링 능력을 기르는 것을 더 이상 낯설어하지 않는다. 실제로 뉴욕 의대 등 전 세계 유명 의과대학에서는 의사 지망생들이 관찰·분석·공감·자기반성 기술을 키울 수 있도록 명화 감상과 소설 읽기를 권장하고 있다.

미래에는 자신의 주력 분야뿐만 아니라 다른 분야에 대한 관심과 호기심, 지속적인 학습 등을 함께 이어나가야 한다.

감성 개발을 위해 SNS 소통은 줄여라!

SNS가 가진 소통의 기능을 부정하지는 않는다. 하지만 SNS가

인간이 소통능력을 기르도록 하지는 않는다. 非대면 소통을
기반으로 하는 SNS는 오히려 감성 계발을 방해할 수 있다고 한다.
얼굴 표정과 시선, 목소리 톤, 몸짓언어 등 비非언어적 감정 신호를
이해하지 못하는 사람들은 미래형 인재가 될 수 없다.

　　진짜 소통능력과 감성을 키우고 싶다면 자녀들에게 일정 시간은
디지털화된 환경을 제거하는 것이 좋다. 요즘 아이들은 스마트폰
화면을 들여다보느라 가족들과 친구들과도 별로 대화하지 않는다.
감성은 눈을 마주치고, 서로를 향해 미소 지으며, 자연스러운
스킨십을 통해서 더 많이 계발된다.

악플러[22]는 취업도 못 하는 세상이 온다

사물인터넷 또는 만물인터넷은 일상생활의 모든 사물을
인터넷 또는 이와 유사한 네트워크로 연결해 인지·감시·
제어하는 정보통신망이다.

만물인터넷에 연결되는 사물에는 일상생활에서 사용하는
전자장치뿐만 아니라 식품·의류·신발·장신구 따위의 모든
물건이 포함된다. 만물인터넷의 핵심 요소는 물건에
태그(꼬리표)처럼 부착되는 센서다.

센서는 온도·습도·압력·진동·냄새·소리 따위의 온갖 정보를
감지한다. 2030년대에는 만물인터넷이 완벽하게 구축돼
이 세상의 거의 모든 것이 네트워크로 연결되는 초연결

---

22 악플러: 악성 댓글을 다는 사람

초연결 사회에서 디지털 낙인은 영원하다

스마트폰에서 전용 애플리케이션을 내려 받아
슬립센스에 설치하고 실행한 뒤
인터넷 기능이 내장된 에어컨·TV·조명 등
가전제품과 무선으로 연결(블루투스 방식)한 다음
침대 매트리스 밑에 놓아두기만 하면
슬립센스는 사용자가 침대에 드러누운 즉시 작동을 시작해
먼저 에어컨·TV·조명의 전원을 끄고
잠든 동안 맥박·호흡·몸 뒤척임 등 몸 상태를 측정한다.

사물인터넷 또는 만물인터넷이 완벽하게 구축되는 초연결
사회는 사람의 모든 움직임이 낱낱이 추적되고 기록되는 세상이다.
미래에는 잊혀질 권리right to be forgotten를 행사하는 것도 매우
어렵다. 스마트폰 등으로 어느 곳에서나 접속할 수 있는 초연결
사회에서는 나쁜 글도 빠르게 퍼진다. 잘못되거나 악의적인

게시물을 지우고 싶어도 무한복제가 가능한 디지털의 속성상 쉽지
않다. 과거의 게시물들이 현재의 자신들을 따라다니며 이른바
'디지털 낙인'을 계속 찍어버린다.

"제가 어릴 때 기분이 내키는 대로 썼던 댓글들을 좀
지워주세요."
"가수 지망생인데 제가 과거에 올렸던 영상과 사진들을 지우고
싶어요."
"전 여친이랑 찍었던 동영상을 다른 사람이 여기저기에 옮기고
있어서 불안해요."

인터넷은 양면성을 갖고 있다. 집단지성을 통해 지식을 승화시켜
긍정적인 일에 머리를 보태는 장점도 있지만 악플 등 사회문화나
진실을 손쉽게 왜곡할 수 있는 단점도 있다.
악성루머, 사이버 주홍글씨, 사이버 스토킹, 사이버 따돌림,
신상정보 유출, 사이버 성폭력. 사이버 공간의 익명성을 악용해
사이버 공간을 혼탁한 사회로 만드는 이러한 역기능 현상은 미래
초연결 사회에서는 더욱더 심각한 문제가 된다.
이력서는 거짓으로 작성해서 낼 수 있다. 하지만 오랜 시간
자신이 쓴 SNS의 글은 지우기가 쉽지 않다. 지운다 해도 이미
내 글은 누군가에 의해 퍼 날라져 세상 여기저기에 떠돌아다닐지도
모른다.
일류 기업들은 창의적인 아이디어를 내고 지역사회, 지구촌을

바꿔보자는 내용의 글을 많이 쓴 이들을 고용한다. 이제 악성
댓글로 남을 헐뜯고 비난하던 사람들은 일자리를 찾지 못하는
세상이 오고 있다.

미래사회는 공동체를 위하는 현명한 해결사가 대우받는다

세계 50억 인구가 모두 모바일 기기로 연결된 삶을 사는
미래에는 경쟁자가 아닌 협력자로 타인을 바라봐야 생존할 수
있다. 고립과 파편화를 타파하기 위해 공동체의 연결성을 이용하는
현명한 해결사가 되어야 한다. 지지와 보살핌을 주고받을 수 있는
공동체를 키우고 유지해야 한다.

Z세대들은 공동체적인 관심사를 공유하는 데 전혀 인색하지
않다. 그들은 소비에서도 자신의 원칙과 가치관을 중요하게 여겨
같은 값이라면 의미 있는 물건을 사려고 노력한다.

인터넷에서 좋지 않은 것 대신 좋은 것을 많이 퍼트려야 한다.
비판은 하되 근거 없는 말로 비방하는 것은 심장에 못을 박는
일이다. 좋은 것을 빨리 퍼트리는 방법이 선플 운동이다. 미래에는
진실하고 필요하고 친절한 말을 하는 '선플러[23]'가 기업들이 가장
선호하는 슈퍼갑 인재로 환호 받을 것이다.

....

23 선플러: 선한 내용의 댓글을 다는 사람

협업 잘하는
인재가 살아남는다

"신입사원 중에 자기가 돋보이는 일만 하려는 사람들이 적지
않습니다. 그런 사람들과는 같이 일하기 어렵죠.
IT업계에서는 업무 대부분을 공동 프로젝트로 진행해야
하거든요. 아무도 그들과 어울리려 하지 않고, 결국 스스로
지쳐서 회사를 나갑니다. 그래서 요즘은 신입을 뽑을 때
개인의 실력보다 협동 능력을 먼저 보게 돼요."
한 IT 대기업 관계자는 요즘 신입사원에 대해 이런 평을
했다. 명문대를 졸업한 뒤 치열한 경쟁을 뚫고 글로벌
기업에 입사한 사원들이 남들과 융화하지 못해 그만두는
사례가 많다는 얘기였다. 학업 경쟁이 만연한 한국에서
협업은 학생들에게 익숙지 않다. 그러나 4차 산업혁명을
앞둔 지금, 협업 능력은 미래 인재가 반드시 갖춰야 할 핵심
역량으로 꼽힌다. 여러 분야 전문가와 교류하며 창의 융합적

서울산업진흥원SBA이 10년 뒤 유망 직업을 살펴보는 '미래 신직업 인사이트 조사'를 한 적이 있었다.[24] 그 결과 이 조사에 응한 서울시 소재 기업 CEO와 비영리단체장들이 중요하게 여긴 인재들의 직무능력으로 첫 번째로 꼽은 것이 의사소통능력이었다. 그리고 뒤이은 직무능력이 문제해결능력, 대인관계능력, 자기개발능력, 정보능력 등의 순이었다.

의사소통능력을 제1의 직무능력으로 꼽았다는 것은 미래사회가 협력과 협업의 사회라는 것을 반증하는 결과다.

기업은 '어느 학교'가 아니라 '어떤 경험'을 중시해야 한다

구글은 협력과 새로운 사고방식으로 조직을 꾸려가는 모델을 이야기할 때 거론되는 대표적인 기업이다. 물론 구글도 처음에는 여느 기업처럼 MIT, 하버드 등 명문대 출신에 학점 좋은 사람들만 뽑기로 유명한 회사였다.

....

24 조선일보, [기업 CEO·비영리단체장 등 600명에게 물었다. 자녀에게 추천하는 新직업은?], (2016.12.19)

그런데 학벌 좋은 사람들을 채용해 놓고 몇 년을 살펴보니 그만큼의 결과물들이 나오지 않는 것이었다. 그래서 몇 년 동안 어떤 직원이 최고의 성과를 내는지를 연구하기 시작했다. 연구결과 다양한 사람들과 소통하면서 자신이 가진 것들을 창의적으로 연결하고 특화하는 사람들이 좋은 결과를 낸다는 것이 밝혀졌다. 그때부터 구글은 인재선발과 활용방식을 지금처럼 바꿨다. 열정, 창의, 전문성을 가진 사람을 뽑고, 언제나 서로를 돕고 수평적이고 오픈된 근무환경을 만들어주었다. 주어진 상황을 그대로 받아들이기보다는 '왜?'라는 질문을 끊임없이 던지는 인재들을 소중하게 여기기 시작했다.

같이 나눌 수 있는 지식을 찾는 '하브루타'

유대인의 하브루타[25] 교육에는 '협업력'을 중시하는 생각이 밑바탕에 깔려있다. 친구와 짝을 맺어 질문하고 대화, 토론, 논쟁하면서 서로를 가르치는 공부를 하는 것이다. 내 토론 상대는 친구, 회사 동료, 교수나 선생님, 부모님 등 다양한 사람들이 될 수 있다. 상대방과 끊임없이 질문, 토론하는 것이 하브루타 교육법의 큰 핵심이다.

....

25 하브루타는 히브리어의 '하베르(친구)'와 '하부라(친구공동체)'라는 말에서 유래했다.

우리나라 학생들은 혼자서 공부하는 데 익숙하다. 당연히 친구의 중요성과 토론의 가치를 잘 모른다. 그래서 여러 사람이 모여 그룹별로 프로젝트를 진행하는 데 서툰 편이다.

책보다 좋은 친구, 사람보다 더 중요한 배움은 없다. 같이 나눌 수 없는 지식은 쓸모없다. 종일 입 한 번 열지 않고 오직 눈과 귀로만 하는 공부를 하는 아이들은 다른 사람들을 잘 이해하지도, 설득시키지도 못하는 독불장군이 되기 십상이다.

미래 사회에서는 공부 잘해서 혼자 다 먹는 아이가 아니라 친구들과 조금씩 나눠 먹을 줄 아는 사회성 있는 아이가 승리한다. 그래서 아무런 대가 없이 기꺼이 재능을 공유하는 사람들도 많아진다.

'1등만 기억하는 더러운 세상'이 없어진다

2016년 리우 올림픽의 성화 봉송 최종주자는 마라토너 '반델레이 데 리마'였다.

보통은 그 나라를 대표하거나, 공적이 많은 최고의 스포츠 스타를 올림픽 성화의 최종주자로 선정하는데 솔직히 리마는 이런 대표적 인물로 볼 수 없었다.

2004년 아테네올림픽 당시 리마는 금메달을 눈앞에 둔 지점에서 갑작스럽게 난입한 관중과 부딪혀 넘어지는 바람에 안타깝게도 동메달을 목에 건 불운의 아이콘으로 불리는 선수였다. 그런

리마가 어떻게 하여 최종 성화 주자로 뽑혔을까? 그는 단순히
비운의 마라토너로만 사람들에게 기억되지 않았기 때문이다.
넘어진 이후에도 미소를 머금으면서 끝까지 완주한 리마는
전 세계인에게 잊을 수 없는 감동을 선사했다.

만약 리마가 우리나라 마라토너였다면? 아마도 그의 불운을
사람들은 과하게 안타까워했을 것이다. 리마는 동메달을 목에
걸면서 속상함에 눈물을 뚝뚝 흘렸을지도 모른다.

우리나라 사람들은 승리나 순위, 결과에 집착하는 경향이
강하다. 이는 자녀들의 교육에 보이는 부모들이나 학교, 교육
당국의 반응에서도 드러난다.

우리나라 부모들은 성적표를 받아들면서 얼마나 많은 아이를
제쳤는지에 관심을 기울이고, 문제를 해결하는 방법보다 실수하지
않는 아이로 만드는 데 더 관심을 기울인다. 그러는 사이 자신들의
자녀가 미래 사회 트렌드에서 이미 낙오되기 시작했음을
잘 모른다.

공부만 열심히 하면 다른 잘못이나 오류는 쉽게 용서받거나
허용된다고 믿는 수재 학생들이 명문대에 들어간 이후 일탈 행위나
범죄를 저지르는 비율이 점점 늘고 있다.

미래 사회는 똑같은 내용을 수없이 반복해 1등을 한 사람을
인재로 여기지 않는다. 오히려 예상치 못한 변수나 실패와
부딪쳐도 이겨나갈 수 있고, 설령 실패한다 하더라도 긍정적으로
받아들이며 즐기면서 해결할 수 있는 사람을 인재로 생각한다.

결정을 돕는 조언형 직업

감정이나 불화를 컨트롤하는 직업

다양한 분야를 하나로 묶어 시너지를 만드는 직업

미래에는 새로운 관계를 받아들이고 과감하게 협력을 할 수 있는
유연한 사고를 하는 협업형 인재와 직업들이 환영받는다.

뭉치고(융합), 연결하는(네트워크) 것은 4차 산업혁명을 설명하는
두 가지의 커다란 키워드다. 기본적으로 '협업'의 가치가 바탕에
깔려있다. 융복합의 기반은 바로 '소통'이다. 많은 글로벌 기업들이
잘 소통하는 협업형 인재를 요구하는 이유는 살아남기 위해서다.

미래사회는 함께 모여 지구촌 과제를 연구하고 해결책이나
대안을 찾는 사람들을 원한다. 대홍수, 대지진, 쓰나미, 해수면
상승, 테러나 난민 등 우리가 상상할 수 없는 재앙이나 문제는
나 혼자만 열심히 한다고 해결할 수 있는 이슈가 아니다. 다 같이
해야 한다.

과거와 달리 한 국가의 발전은 다른 국가의 희생을 밟고
얻어내는 것이 아니다. 한쪽이 승자가 되고 한쪽이 패자가 되는
것이 아니라 서로 윈-윈 하는 방식으로 패러다임이 바뀌었다.

인도에서 생산성이 향상되어 임금을 인상하면 뉴저지에서
생산하는 의약품과 실리콘밸리의 소프트웨어 제품 수요 역시
증가한다. 반대로 미국과 같은 거대 시장이 쇠락하면 중국이나
인도 역시 경쟁력을 잃을 수 있다.

지금 학교가
가르쳐야 할 것들

알파고 시대에 무엇보다 시급한 것은 교육내용과 방법을
획기적으로 바꾸는 교육개혁이다. WEF는 올해 초등학교
입학생의 65%가 현재 존재하는 않는 직업을 갖게 될
것이라고 내다봤다. 드론 조종사, 에코 컨설턴트, 디지털
장의사 등 새로운 일을 하며 살게 된다는 얘기다. 정해진
답만 달달 외우고, 국영수만 들고 파는 현재의 교육으로는
인공지능 시대에 백전백패할 수밖에 없다. 아이들이 새로운
직업을 찾게 하려면 기존의 질서를 비판하고 창의적인
대안을 제시할 수 있는 사고력 훈련이 필요하다. 5세부터
코딩 교육을 실시하고 있는 미국, 영국처럼 우리도
국영수에서 벗어나 코딩에 비중을 둬야 한다. 또한 결국
인공지능, 로봇을 통제하고 조종하는 것은 인간인 만큼
과학기술이 미래 인류에 위협이 되지 않으려면 윤리 교육,

미래 인재라면 가져야 하는 6가지 능력

미래학자 다니엘 핑크Daniel H. Pink는 미래 인재의 능력으로
6가지를 들었다.

삶의 풍요로움을 즐길 줄 아는 '놀이 능력'
자기 삶의 가치에 대한 '의미를 추구하는 능력'
서로 다른 것들을 융합해 재창조하는 '조화 능력'
사람의 마음을 움직이게 하는 '이야기story를 다루는 능력'
자신을 다른 사람의 처지에 놓고 생각하며 느낄 수 있는 '공감
능력'
예술적 감수성으로 다른 사람과 달리 해석해 차별화된 의미를
부여하는 '디자인 능력'

이런 능력은 기존의 지식 암기와 단순 기능 습득 위주의
교육방식으로는 절대 길러질 수 없는 것들이다. 본래 다양한
지능을 가진 타고난 학습자였던 우리 아이들이 학교를 통과하기만
하면 천재는 영재로, 영재는 범재로, 범재는 둔재가 되는 것 같다.
도대체 기성 학교 교육이 어떤 오류를 갖고 있기 때문에 이렇게

되는 것일까?

　고등학교는 대학에 진학하기 위해 다니는 통과의례적인 교육기관이 되었다. 대학 입시만을 위해 실수를 안 하고 정답을 잘 고르는 전문가를 키우는 곳이 되었다. 중·고교 시절 공부 좀 한다는 학생들이 지원하는 학과들을 보면 대부분 의대나 약대, 한의대들이다. 기술을 연구하고 개발하는 학문이나 순수학문은 별로 전공하지 않는다. 전공 선택 어느 과정에도 학생들의 적성, 열정, 꿈이 잘 보이지 않는다. 개성과 자질을 무시한 채 학위만 내세우는 대학에서 창업이나 취업을 위한 실무적인 지식을 제대로 배우지도 못한다.

1% 경쟁 교육이 아닌 모두가 자기 영역에서 일등이 되는 세상

　학교 시험을 전혀 치르지 않고 숙제는 거의 없는 나라.
　교육 당국의 학교 시찰이나 간섭은 엄두도 못 내는 나라.
　그런데도 해마다 전 세계 학업 성취도 평가[PISA]에서 상위권을 놓치지 않는 나라.

　핀란드 학교에서는 1등도, 꼴찌도 존재하지 않는다. 공부 좀 못하는 학생들을 위해 학교마다 '특수교육' 전담 교사가 배치돼 별도의 지도가 필요한 개인과 그룹을 가르쳐 낙오자를 없앴다. '교육 천국'이라는 수식어가 괜히 붙은 것이 아니다. 초등학교

때부터 '수포자(수학포기자)'가 생기고, 뒤처진 학생들을 학원으로
내모는 우리네 교육현장을 '입시지옥'이라고 부르는데, 과연 제대로
된 교육 시스템이라고 할 수 있을까?

친구, 교사와 소중한 소통이 이뤄지는 장소, 새로운 삶의 기술을
배우고 경험하는 신성한 장소여야 할 학교이건만 이제는
요람으로서의 용도마저 폐기해야 할 듯하다. 제일 큰 문제는
초등학교에서 대학교까지 '미래'를 전혀 가르치지 않는다는 점이다.

더 이상 필요 없는 기술이나 지식을 배우게 하는 것보다 새롭게
변화하고 진화하는 과학기술과 산업, 사회생활기술, 팀워크 등을
익히도록 신경 쓰고 배려해야 하는데 학교는 미래 교육의 의무를
내팽개치고 과거의 그림자 속에 숨어있을 뿐이다.

학교가 길러야 하는 통섭형 인재들

교과서, 도서관, 교사의 지식으로부터 정보를 제공받았던 과거와
달리 요즘 학생들은 다양한 경로를 통해 정보를 얻고 있다. 오늘날
학생은 지식을 습득함과 동시에 스스로 지식을 만든다. 학습한
지식을 재가공하고 창조하는 것도 학생 스스로의 몫이다.

통섭형 인재는 이것저것 조금씩 잘하는 팔방미인이 아니라
자기가 특히 잘하는 한 가지는 있되 다른 전문 분야에도 충분한
소양을 갖춰 그 분야의 사람들과 어깨를 나란히 할 수 있는
인재이다.

전문성을 갖추면서도 다양한 지식을 두루 겸비한 통섭형 인재가
되기 위해서는 필연적으로 인간과 역사, 문화, 사회 등을 이해하는
인문학적 소양을 갖춰야 한다.

*"어릴 때 과학, 공학, 수학을 가르치고 철학, 사회학, 인문계통의
학문은 온라인으로 스스로 배울 수 있도록 해야 한다."*

미래학자 빌 할랄 교수의 주장이다. 철학이나 사회학은 어느
정도 사회경험을 한 후에 더 잘 이해할 수 있는 학문이다.
미래에 인공지능 로봇을 통제하고 조종하는 것은 바로 인간이다.
인간 본연의 가치, 투명한 도덕성, 따뜻한 인성, 다른 국가나 다른
문화 등에 대한 깊은 배려 등을 가르쳐야 한다. 지구 공동체와
인류의 평화를 위해 앞장서는 올바른 세계시민을 키우고 싶다면
말이다.

다잉 메시지
'헬조선'은 지워라

지금 이 순간에도 세계 각국·기업·청년들은 '초연결·초지능' 시대의 블루오션을 선점하고자 총성 없는 전투를 치열하게 벌이고 있다.

이런 디지털 혁명 시대의 최후 승자가 되기 위해서는 '헬조선'과 '수저론' 같은 패배주의를 하루빨리 극복하고 이겨내야 한다. 정부는 과감한 규제 개혁을, 기업은 대담한 미래 투자를, 학교는 혁신적 인재 양성을 해야 하고, 청년은 열정적 꿈과 도전에 미쳐야 한다.

한두 번의 개혁이나 혁신이 아닌 매일 매 순간 실시간으로 자신의 경쟁력을 높여나가지 않으면 어느 순간 뒤처지는 세상이다. 특히 청년들은 새로운 일자리가 많이 창출될 의료·관광·콘텐츠·금융·물류 등 미래 유망 서비스 분야에 뛰어들어야 한다.

지금 대한민국은 기로에 있다. 제4차 산업혁명의 세계적 파고를 넘고 헤쳐 나가 새로운 시대의 주역과 승자가 될 수 있을 것인가, 아니면 혁신과 경쟁에서 밀려 퇴보의 길을 갈 것인가. 한국인들은 가장 어려운 위기에서도 결코 포기하지 않고 모두가 하나 되어 불가능에 도전하고 극복해서 미래를 창조해냈다.

[4차 산업혁명 시대, 기로에 선 한국 청년들(이코노미조선 '16.7.20)]

'N포 세대', '헬조선', '수저론'에 갇힌 대한민국

사는 게 쉽지 않은 시대다. 많은 청년이 마음을 다치고 육체적으로 고되고 희망과 절망의 롤러코스터를 타고 있다. 은퇴자나 고령자들은 그들에게 일할 기회를 주지 않는 국가, 그들을 제대로 포용해 주지 않는 사회 안전망이나 복지에 대해 한탄한다. 그래서인지 이런저런 절망적인 냉소어들이 지금 대한민국을 유령처럼 떠돌고 있다.

'N포 세대[26]'는 사회, 경제적 압박으로 인해 연애, 결혼, 주택 구입 등 많은 것을 포기한 세대를 지칭하는 용어로 포기한 게 너무

....

26 기존 3포 세대(연애, 결혼, 출산 포기), 5포 세대(3포 세대+내 집 마련, 인간관계), 7포 세대(5포 세대+꿈, 희망)에서 더 나아가 포기해야 할 특정 숫자가 정해지지 않고 여러 가지를 포기해야 하는 세대라는 뜻.

많아 셀 수도 없다는 뜻을 가지고 있다.

'헬조선'이란 말은 지옥처럼 한 번 빠지면 전혀 회생의 가능성이 없고 한 번 '흙수저'면 영원히 흙수저의 굴레를 벗어날 수 없는 대한민국을 뜻한다.

흙수저나 헬조선을 입에 올리는 젊은이들의 깊은 좌절감이나 무력감을 이해 못 하는 것은 아니다. 기성세대로서 책임감도 느낀다. 하지만 이런 헬조선과 수저론의 프레임으로는 앞으로 더 나아갈 수 없다. 세대 간의 갈등도 점점 더 깊어질 뿐이다.

단순히 패배주의라고 치부하고 싶지는 않다. 많이 어려운 것은 사실이니까. 확실한 대책을 주지 못하는 기성세대로서 책임감마저도 느낀다. 하지만 많은 어른들이 요즘 세대들의 약한 근성이나 태도에 대해 비판하는 이유를 조금이라도 생각해보기를 원한다.

N포 세대니 헬조선이니 하는 자학적인 말은 심신이 아픈 젊은이들의 치유를 위해서도 그만 해야 한다. 차라리 그런 말들이 통용되지 않는 사회가 되도록 치열하게 저항이라도 하는 모습을 보여주기라도 하면 좋겠다. 자기들이 만들어 낸 말에 자기들이 먼저 좌절하는 우리나라 젊은이들이 부디 알았으면 하는 통계가 있다.

객관적인 지표를 따졌을 때 다른 나라 젊은이들에 비해 우리 젊은이들의 부모 의존율이 상당히 높다. 진학, 취업, 결혼, 구직활동 등 모두를 부모에게 기댄다. 전 세계적으로 하루 1달러 미만으로 살아가는 인구도 30%가 넘는데 그중 우리나라는 속하지

않는다. 그런데 아주 불행하게도 우리의 마음은 1달러 미만으로
사는 사람들처럼 보인다.

기성세대의 노력과 열정이 비웃음이 되어서는 안 된다

기성세대들이 애써 성취한 것을 말 한마디로 부정하고 비난하는
젊은이들이 점점 늘고 있는 것이 무척 안타깝다. 사실 우리
세대들이나 그 이전 세대들은 절대적인 빈곤을 그 시절을 살아내야
했던 사람들의 숙명처럼 여겼다.

하지만 지금 세대들은 기성세대들보다 더 풍요로운 세상에 살고
있지만, 상대적인 빈곤으로 인해 더 깊은 박탈감과 절망감을
맛보고 있는 것 같다. 그러나 이것이 산업 발전기에 열심히 살았던
기성세대들을 부정하고 비난하는 면죄부가 되는 것은 아니다.

지금 젊은 세대들은 기성세대들을 자신들의 앞길을 막는 존재로
치부한다. 서로가 서로에게 상처가 되어서는 안 된다. 할퀴는 말을
내뱉는 것도 자중해야 한다.

젊은 세대들이 조금만 더 힘과 용기를 내줬으면 좋겠다. 정말
밑바닥에 있다고 하더라도 올라가고 싶어 하는 것이 인간 본연의
욕망일 텐데도 불구하고 요즘 젊은이들을 보면 그런 어두운 담론에
스스로를 가두고, 그 그늘에 더 주저앉아 버리는 것 같다.

행복에 대한 기대감이나 내일을 향한 열정이 없는 사람들이 모여
할 것은 비관과 불평밖에 없다. 꿈과 땀, 미래에 대한 기대조차

저버린 후세대들이 이뤄나갈 수 있는 것은 별로 없다. 핑계를 대는 김에 아예 아무것도 하지 않는 젊은이들이 점점 많아질까 봐 나는 사실 매우 두렵다.

헬 차이나, 헬 아메리카는 없다!

청년실업률이 한국보다 높은 프랑스, 이탈리아, 스페인 같은 곳에서도 청년들이 자기 나라를 저주하는 조어造語를 만들고 증오감을 전파할까?

모국에 대한 자부심이 강한 프랑스 국민들은 국가 이름을 팔아 비하하는 건 상상도 못 하는 일[27]이라고 한다. 거의 망해서 국제 사회에 손을 내밀었던 그리스에도 심한 자기 비하는 없다. 이탈리아에는 자국을 비난하는 말로 '바나나 국가'가 있다. 1차 상품 수출의존도가 높고 정치가 부패했다는 의미를 갖고 있다. 스페인은 '1,000유로짜리 사람[28]'이란 비하어를 갖고 있다. 월급 1,000유로를 의미하는 저소득자를 가리킨다. 하지만 이 두 나라에서도 우리나라처럼 '지옥', '흙수저', '포기'와 같은 극단적인 용어를 써서 스스로를 비하하지 않았다.

....

27 매일경제, [헬조선과 미국의 Z세대], (2016. 8. 23)
28 한국의 '88만 원 세대'와 비슷한 지칭이다.

말은 습관이 되고 습관은 운명이 된다

많은 한국의 청년들이 열심히 일해도 우리나라에서는 성공할 수 없다고 비관적인 생각을 하고 있다. 오히려 성공을 하기 위해서는 개인의 노력보다는 부모의 부나 권력, 집안의 후광 등 다른 요인이 필요하다고 생각하는 젊은이들도 많다.

"용이 태어나는 개천은 말라 버렸다."
"이제 계층 사다리는 절대로 뛰어넘을 수 없다."

패배주의적인 확신들이 사회의 갈등이나 치부를 극대화하고 있다. 이런 부정적인 주장들은 사회의 활력까지 갉아먹고 있다. 물론 과거 산업 발전기와는 다르게 불굴의 의지나 진취적 사고, 긍정과 도전의 정신만으로 미래를 대하기에는 버거운 것이 사실이라는 것을 잘 안다. 젊은이들의 분노와 좌절을 충분히 이해한다. 그럼에도 불구하고 건강하고, 행복한 대한민국을 만들기 위해서는 청년들 역시 조금은 변해야 할 필요가 있다고 생각한다.

사람은 말하는 대로 살아가기 마련이다. '헬조선'이 아니라 '헤븐조선', '팍스코리아나Pax Koreana'를 외치며 조금만 더 힘을 내보면 어떨까?

행복한 미니멀리즘
– 소유보다는 공유를

미래학자 제레미 리프킨은 최근 저서 '한계비용 제로사회'에서 "공유한다는 것은 인간 본성의 가장 선한 부분을 대변한다."고 말했다. 그는 "세계의 모든 지역에 걸쳐 자본주의 시대에서 협력 시대로의 전환에 가속도가 붙고 있다"고 진단하면서 "자본주의는 다음 반세기에 걸쳐 쇠퇴하고 협력적 공유사회가 경제생활을 조직하는 지배적인 모델로 자리 잡을 것"이라고 전망했다.

우리 사회에도 물건, 공간, 재능, 시간, 정보 등을 함께 나누어 활용함으로써 자원의 경제적, 사회적, 환경적 가치를 높이는 '공유Share' 움직임이 확산되고 있다. 복지, 환경, 일자리 등 사회적 수요는 급증하는데 자원은 한정돼 있어 민간과 공공 부문이 공유를 통해 자원의 활용성을 극대화하자는 취지다. 리프킨도 협력적 공유 사회가 지구를

다양한 공유 모델 확산 - '소유보다는 공유를'

'히브리어'로 '집단농장'을 뜻하는 '키부츠'는 2,000여 년 동안
땅을 잃고 흩어져 살던 유대인들이 이스라엘로 돌아와 척박한
땅에서 농사를 짓기 시작하면서 만든, 협동조합과 같은 형태의
농장을 말한다. 한국에는 개방과 공유를 체험하는 창조공동체인
키부츠 같은 이웃공동체의 삶을 경험할 수 있는 제도나 시스템이
점점 사라지고 있다.

공동체라는 것은 절대 활자로 배울 수 없다. 함께 어우러져
살면서 경험해야 한다. 드러커는 "21세기 기업이 국가의
소유물이나 기업 총수의 사적 재산에서 벗어날 것이다."라고
말했다. 이익 극대화를 추구하지 않는 대신 공헌 가치 최대화를
꾀하기 시작하면서 공유비즈니스 모델이 탄생했다.

공유비즈니스는 합리적인 소비가 트렌드가 되며 물품을 소유의
개념이 아닌 서로 대여해주고 차용해 쓰는 경제활동을 말한다.
개인이 소유할 필요 없이 필요한 만큼 빌려 쓰고, 자신에게 필요
없는 경우 다른 사람에게 빌려주는 공유소비의 의미를 담고 있다.

요즘은 사람들이 과거에는 빌리지 않았던 옷이나 장난감도 빌려

사용한다. 이제 공유·교환되지 않는 물품을 찾는 것이 더 힘들
지경이 되었다. '공유'와 더불어 대량소비와 지나친 소비주의에
대한 비판으로 생겨난 것 중 하나가 '미니멀리즘'이다. 이는 단순히
'버린다.'는 개념이 아니라 '덜 가지는 행복을 찾는다.'는 의미를
담고 있다. 필요 없는 물건을 기부하는 것도 행복한
미니멀리스트가 되는 길 중 하나다.

공유의 시대, 유형자산을 넘어 무형자산까지 나눈다

미래에는 자본주의는 서서히 쇠퇴하고 협력적 공유사회가
경제생활을 조직하는 지배적인 모델이 될 것이다. 급증하는 사회적
수요에 비해 한정된 자원을 민간과 공공 부문이 공유를 통해
자원의 활용성을 극대화한다. 자원의 공유는 급격한 도시화로 인해
균열이 생겼던 사람들의 관계망을 복원하고 나눔과 연대의
공동체를 재생시키는 효과가 있다.

사람과 사물, 공간이 연결되는 '초연결사회'가 공유경제를
앞당기고 있다. 사물인터넷IoT으로 시간과 공간 제약을 뛰어넘어
다양한 경제 주체, 산업, 학문, 문화, 계층, 국가가 유무형 자원을
공유하면서 새로운 가치와 성장 기회를 창출한다.

우리 사회에서도 '공유Share'의 움직임을 보는 것이 별로 어렵지
않다.

스타트업 기업들이 모여 업무 공간(오픈스페이스)을 함께 쓰고

경험과 아이디어를 공유한다. 숙박공간과 자동차와 같은 유형자산뿐만 아니라 재능이나 경험, 정보 등 무형자산을 공유하는 움직임도 활발하다.

프로그래머, 디자이너와 해당 서비스를 원하는 기업·개인을 연결해주고, 온라인 사이트를 통해 경험과 지식을 공유하도록 연결해준다. 디자인, 번역, 상담 등 개인의 재능을 공유하고 사회 선배의 경험과 지혜를 공유하는 매개체도 있다.

미래에는 돈으로 재화를 거래하는 방식뿐만 아니라 유형 및 무형 자산의 물물교환 방식도 확대될 것이다. 단순히 물건과 물건을 교환하는 것이 아니라 내가 한국어를 가르쳐주면 상대방은 영어를 가르쳐주는 식의 무형자산 교환 거래도 늘어난다.

크라우드소싱Crowdsourcing, 혁신으로 가는 지름길

크라우드소싱은 대중을 제품이나 창작물 생산 과정에 참여시키는 방식을 말한다. 즉 집단지성을 활용하는 것이다.

미래에는 인터넷에서 수백, 수천, 수만의 아이디어를 모으는 것이 효과적인 시대가 된다. 많은 기업이 대중에게 아이디어를 구하는 크라우드소싱을 앞다투어 활용하고 있다.

예를 들어 국내 모 전자 회사에서 상품개발을 위해 파격적인 보상금을 걸고 아이디어를 모은 적이 있었다. 누구나 그 회사가 만든 플랫폼에 뛰어들어 아이디어를 제안할 수 있었다. 아이디어가 제품화에 성공할 경우 해당 제품의 매출액 4%를 아이디어 제공자, 그 과정에 참여한 소비자에게 분배한다는 약속을 내걸었다.

총 6,400개의 아이디어가 제시되었고 그중 두 개의 아이디어가 선정되었다. 생활 속 불편함을 느끼는 소비자가 제시한 아이디어가 새로운 차원의 제품을 만드는 데 기여한 것이다.

미국에 크라우드소싱을 바탕으로 운영되는 한 웹사이트 회사가 있었다. 그 회사가 대표적으로 해결했던 문제가 바로 '알래스카 기름유출사고'였다.

알래스카 인근에서 유출된 기름이 얼어버린 이 오염사태가 17년간 미해결 상태로 남아있었다. 2007년 국제기름유출연구소는 2만 달러의 상금을 걸고 이 회사에 의뢰를 하였고, 이 문제는 3개월 만에 해결책이 제시되었다. 이 문제를 해결한 사람은 평범한 엔지니어였다. 20년간 과학자들이 전전긍긍하던 문제를 간단한 원리로 풀어낸 것이다.

이제는 대중들은 자신들이 뛰어놀 수 있는 플랫폼만 마련된다면 기꺼이 창조적인 아이디어를 제시하는 데 머뭇거리지 않는다. 이런 크라우드소싱은 공유모델의 가장 혁신적인 형태로 '내부 인력 활용', '아웃소싱', '인력증원'의 대안이 되고 있다.

검소하고 유연하게!
주가드 이노베이션으로

인도의 혁신을 '주가드Jugaad 이노베이션'이라고 부르는
사람들도 있다. 주가드는 '슬기로움' 또는 '즉흥적이고
대담하게 기발한 해결책을 고안하는 능력'을 의미하는
힌두어이다. 나비 라드주, 제이딥 프라부, 시몬 아후자가
2012년에 발표한 책 『주가드 이노베이션』에는 주가드
이노베이션 원리 6개가 제시되어 있다. ①역경에서 기회를
찾아라 ②적은 자원으로 많은 일을 하라 ③유연하게
사고하고 행동하라 ④단순하게 하라 ⑤소외계층을 포함하라
⑥마음이 시키는 대로 하라는 것이다. (중략) 주가드
이노베이션은 현재 전 세계에서 광범위하게 일어나고 있다.
21세기는 자원과 소비자의 구매력이 지난 세기만큼 풍부하지
않은 결핍의 시대이다. 한국의 기업들도 적정한 가격과
지속가능성을 추구하는 혁신의 흐름에 동참하길 희망해 본다.

[더 검소하게 더 유연하게… 인도 '주가드'에 주목하다 (한국일보 '15.11.8)]

인도의 최대 수출품은 인도인 CEO

    세계적으로 유명한 기업의 대표 중 유난히 인도인이 많은 것을 볼 수 있다. 포춘 선정 글로벌 500대 기업 중 미국인을 제외한 외국인 CEO 10명 중 3명이 인도 출신이었다.[29] 그래서 인도의 최대 수출품은 '인도인 CEO'라는 우스갯소리도 있다.

    어떻게 해서 인도인들은 글로벌 시장에서 각광받는 인재가 될 수 있을까?

    인도는 힌두교도가 전체의 80%를 차지하지만, 이슬람교, 기독교, 시크교, 불교 등 여러 종교가 공존하고 힌두어와 영어 외에도 10여 개의 상용어를 사용하는 국가이다. 글로벌 시장에 진입하기 위한 가장 원초적인 프리패스 카드를 이미 획득한 셈이다.

    인도인들은 다문화·다종교·다언어 사회에서 자라나서 다양한 이해관계자와 소통하는 데 익숙하고 타인과 타문화에 대한 포용력이 높은 편이다. 남과 다름을 쉽게 인정하고 그 속에서 새로운 것을 발견하는 데 능하다는 것이다.

....

29 2013년 기준

인도인만의 특별한 유전자 '주가드'

12억 명의 인구를 자랑하는 인도에서 뛰어난 인재를 다수 배출하는 것은 크게 놀랍지 않다. 하지만 또 다른 인구 대국인 중국에서 자국 기업을 제외하고 타국 기업에서 성공한 유능한 중국인 경영인을 찾기 힘들다는 점은 '인도인만의 특별한 유전자가 존재하는 것이 아닐까?' 하는 생각을 들게 한다.

어떤 사람들은 그 유전자를 인도의 '주가드jugaad' 정신에서 찾기도 한다. '주가드'는 예기치 못한 위기 속에서 즉흥적으로 창의력을 발휘하는 능력을 뜻하는 힌두어다.

인도인들은 항상 예기치 못한 위기 상황에 신속하게 대응하기 위해 플랜 A가 잘못될 경우를 대비해 항상 플랜 B와 플랜 C를 준비한다.

인도에서는 경제의 불균형적 발전으로 기본적인 인프라가 갖춰지지 않은 곳도 많고 소득 격차도 커서 예상치 못한 돌발 변수에 대처하는 높은 임기응변 능력이 필요하다.[30] 중국이나 브라질 등과 비교하면 보유 자원도 제한적이라 이를 극복하려면

....

30 물론 주가드 정신이 항상 긍정적으로만 평가를 받는 것은 아니다. 임기응변과 유연성을 강조하다 보니 원칙을 지켜야 한다는 의지가 약해져 자칫 부정부패로 연결될 수도 있기 때문이다.

순발력이 필요하다.

한국인도 인도인 못지않게 임기응변 능력이 뛰어나다. 아마도
비슷한 식민지 경험과 지정학적 위치 덕분에 생겨난 눈치코치
덕분일 수 있다. 유대인도 마찬가지다. 박해를 받고 세계를
떠돌면서 언제든 이것이 안 되면 그다음의 대안을 준비해야 하는
습성 때문이라고 여겨진다.

더 검소하게 더 유연하게

'주가드Jugaad 이노베이션'에는 6개의 원리가 있다.

단순하게 하라
역경에서 기회를 찾아라
마음이 시키는 대로 하라
유연하게 사고하고 행동하라
적정한 가격 등으로 소외계층을 포함하라
적은 자원으로 많은 일을 하라, 지속가능성을 확보하라.

결핍과 저성장의 뉴노멀 시대에는 주가드같은 '검소한 혁신'과

'빅 티밍Big Teaming'이 필수다.[31]

   21세기는 자원과 소비자의 구매력이 지난 세기만큼 풍부하지 않은 결핍의 시대이다. 적정한 가격과 지속가능성을 추구하는 검소한 혁신이 대세로 흐를 수밖에 없다. '빅 티밍'은 외부 변화에 맞춰 팀의 구성과 업무 내용까지 바꾸는 동적인 협업인 '티밍Teaming'에서 더 나아가 여러 학문과 산업 전문가로 구성된 팀들의 협업을 말한다.

   '검소한 혁신'은 금융위기 이후 세계 경제에 양극화가 심해졌고 중산층 대신에 하류층이 늘어나고 있다는 배경에서 나왔다. 더 이상 성장하기 어려우니 아끼고 살아야 한다는 의미에서 물건을 나눠 쓰는 공유경제가 나왔다. 유한한 자원은 좀 더 숫자가 많은 저소득층을 위한 산업에 쓰여야 하고, 기업들도 같은 연구에 돈을 각각 쓰기보다는 서로 연합해서 중복되는 개발비용을 줄이게 되었다.

   미래의 기업이나 조직은 많은 사람을 고용하는 대신에 조직을 유연하게 만들어 끊임없이 변화하게 하고(한 사람이 여러 역할을 하면서 조직의 약한 부분이나 강조해야 할 부분에 즉각 투입될 수 있도록 하고), 그를 위해 관심 있는 개인이나 기업과의 협업이 가능한 분위기를 만들고, 지친 구성원들이 이탈하지 않도록 포용해야 한다.

....

31 조선비즈, [저성장시대의 전략 '검소한 혁신'과 '빅 티밍'], (2016.2.29.)
　　한국일보, [전기가 필요 없는 점토 냉장고… 결핍이 만든 '주가드 혁신'], (2015.9.4)

자원이 부족한 상황에서도 문제점을 개선하고 해결책을 찾는 능력

'주가드'의 사례들을 보면 이런 검소한 혁신과 빅 티밍을 더
잘 이해할 수 있다.

"마을 사람들이 사용하는 냉장고를 점토로 만들면 어떨까?"

2001년 도예가인 만수크 프라자파티는 생각했다. 인도에서는
수많은 사람들이 전기가 제대로 공급되지 않는 환경에서 살고
있다. 그는 몇 달 동안의 실험 끝에 미티쿨 냉장고를 발명해
50달러에 팔게 되었다. '미티'는 흙을 의미하는 힌디어다. 미티쿨은
윗부분의 용기에 물을 부으면 물이 점토로 된 벽면을 타고
흘러내려 오면서 증발해 냉장고 안의 온도를 섭씨 8도까지 낮추는
구조다.

인도 타타그룹의 회장인 라탄 타타는 일가족을 전부 태우고
위험하게 도로를 주행하는 오토바이족을 위해 2,000달러면 구입
가능한 자동차 '나노'를 출시하였다. 저소득층의 구매력을 감안해
부품을 많이 줄였다. 차체로 플라스틱을 사용하고 차를 조립할 때
비싼 용접 대신 저렴한 화학 본드를 사용했다. 하지만 초기
판매량은 기대치를 훨씬 밑돌았다. 농촌 고객들이 정장을 빼 입은
판매원에게 겁을 먹고 자동차 전시장을 찾지 않는다는 사실을
알고는 일상적인 환경의 전시장에 편한 복장을 한 직원들이
농민들과 차 한잔 마시면서 나노에 대해서 홍보할 수 있도록

하였다. 이와 같이 비즈니스 모델을 수정하고 개선함으로써 타타자동차는 나노 판매를 성공시킬 수 있었다.

이런 주가드 사고방식이 인도의 혁신가 또는 기업들에게서 이제 전 세계로 퍼지고 있다. 특히 신흥시장 눈높이에 안성맞춤의 전략으로 열렬히 활용되고 있다.

멀미 나는 드론 시대,
아이들에게 꼭 필요한 것들

드론 관련해서는 미래 직업전망도 밝다. 드론의
연구·설계·제작·운용·정비 관련 인력 수요가 점점
늘 것이고, 육해공군 무인기 조종사 및 정비사, 항공사,
항공정비업체, 방송사, 물류·수송 기업, 농수산 관련
정부기관, 산림청, 군대, 경찰, 소방, 민간 무인항공기 및
로봇 관련 산업체, 연구소 등 취업 분야도 다양하다. (중략)
반면, 미래핵심전략산업인 드론이 신성장 동력으로 사용되기
위해서는 드론 전문 인력의 양성, 산업 활성화와 저변 확대,
기술콘텐츠 개발과 제도 지원이 필수적이다. 항공안전 위험,
사생활 침해, 카메라를 부착해서 도촬하는 행위, 개인
소유지의 상공 소유권 논쟁, 공격용 무기로의 활용, 테러
등의 문제도 제기되고 있다. 악천후나 고장 탓에 사람 머리
위로 떨어지는 사고도 발생할 것으로 예상된다. 이 때문에

사생활과 개인정보를 침해하는 드론

범죄 예방과 수사 등 일상적 사회 안전을 위한 드론의 유용성을
인정하면서 한편으로는 사생활이나 개인정보 침해 문제가
심각하게 대두될 것이라는 우려도 적지 않다. 그래서 사회적인
합의를 거쳐야 하는 부분들도 많다. 아래와 같은 질문들을 보면
우려하는 부분들이 무엇인지 더 쉽게 이해가 될 것이다.

'범죄 감시 활동을 하는 드론에게 영장을 발부해야 할까? 하지
않아도 될까?'
'사법적 통제 아래에 놓이지 않은 채 드론이 공공안전을 위해
수행하다가 벌어지는 일련의 문제점들을 어느 선까지 허용해야
하는가?'

드론은 잘만 활용하면 이처럼 신통방통한 '마술magic'도 없겠지만,
테러에 악용되거나 안전사고, 해킹, 사생활 침해 등의 부작용을
일으키는 드론만큼 '골칫거리'도 없을 것이다. 이런 문제들을
해결하기 위해 어느 정도 규제해야 한다는 목소리도 있다. 하지만

규제가 드론 관련 시장을 위축시키고 드론 사용자의 권리를
제한한다는 반발의 목소리도 있다.

특히 드론이 공공 분야에 폭넓게 쓰이기 시작하면서 사회 갈등도
함께 수면 위로 떠올랐다. 전쟁에 투입된 인명 살상용 드론을 예로
들자! 그 드론 파일럿이 하루 종일 모니터만 바라보며 지구
반대편의 테러범을 무차별 폭격하는 과정에서 그의 정신과 삶은
피폐해질 수 있다. 외상 후 스트레스 장애를 앓을 수도 있다. 모니터
속 목표물이 확실한 범죄자인지, 그냥 어떤 이유로 그곳에 있는
일반인인지를 전혀 고려하지 않는다는 사실은 얼마나 끔찍한가!
인간에 대한 배려나 상황에 대한 고민 없이 몰인간적인 여흥거리,
또는 단순 업무로 변질된다면? 상상만 해도 소름이 끼친다.

개인의 행복과 사생활이 수시로 침해당하는 미래[32]

다국적기업에 다니는 질은 잠에서 깨자마자
밤사이 전 세계 동료와 고객들이 보내온 메시지들을 확인한다.
그리고 출근 준비를 서두르는 대신 아바타를 손보고 화상회의를
시작한다.
그녀는 회의 틈틈이 밀려드는 업무를 처리하고 스마트 기기로

....

32 린다 그래튼, 『일의 미래』

중국과 인도, 미국, 남아프리카공화국에서 일하는 동료와
실시간으로 의견을 주고받는다.

오후에는 회사에서 마련한 공동 사무실인 오피스허브에
출근하지만 아는 사람은 거의 없다.

모두들 가상공간이나 화상통화를 통해 업무를 처리해서 아는
사람을 만나는 경우는 드물다.

런던에 사는 질은 종일 베이징에서 LA에 이르기까지 여러
시간대를 결합하려고 노력한다.

그녀는 1년 내내 인터넷과 전화로 연결되어 있는 동료와
고객들에 둘러싸여 살아간다.

미래는 끊임없는 타인과의 연결로 자신만의 어떤 활동을
지속적으로 할 수 없게 된다. 세계 곳곳이 내 일터가 될 수 있는
장점이 있지만, 세계 곳곳의 사람들 누구나 나의 경쟁자가 될 수도
있다. 사람들이 서로 이어져 있기 때문에 한꺼번에 많은 사람들의
전화 폭주를 경험할 수도 있다. 저녁이 있는 삶은 물 건너갈 수도
있다.

평화도 조용한 휴식도 성찰의 시간도 없는 삶이 이어진다.
집중할 시간이 없어 관찰하고 학습할 능력이 줄어든다. 감성은
오히려 메마르고, 지능은 더 떨어질지도 모른다.

클라우드 같은 인터넷 기술의 발달이 사람을 외로움에 익숙하게
만든다고 지적한다. 혼자서 충분히 일할 수 있기 때문에 동료
관계가 실종되고 싱글 가구가 증가하면서 가족은 붕괴하고 그로

인해 인간적인 행복은 점점 사라져 간다.

사물인터넷 시대, 편리함만큼 부작용도 만만찮다

'사물인터넷' 시대를 맞이하여 실제 우리가 사용하는 제품들뿐만
아니라 우리를 둘러싼 거의 모든 물건들에 센서가 내장되고
인터넷이 연결될 것이다. 사물인터넷은 간헐적으로 인터넷에
접속하게 되는 것이 아니라 모든 사람과 사물이 서로 연결된
세상을 만들 것이다.

모든 사물들이 인터넷으로 서로 연결되면 우리의 일터는 훨씬
최적화되고 편리해질 것이다. 모든 사물이 인터넷으로 연결되는
세상에서는 사람의 모든 움직임과 구매활동 및 취향 등을 추적할
수 있게 될 것이다. 하지만 사물인터넷 시대의 부작용과 폐해도
만만치는 않다. 역시나 개인의 사생활과 안전을 침해하고 위협하는
가능성도 높다. 내 행적이 그대로 노출될 수 있다는 사실을 떠올려
보라! 찝찝한 마음이 들 수밖에 없다.

이미 휴대전화 사용, 신용카드 구매, 인터넷 검색 히스토리,
차량에 탑재된 GPS 정보검색, 개인 의료정보 내역 등을 통해
개인의 모든 정보를 조회하고 추적할 수 있기 때문에 개인
프라이버시 침해와 같은 문제가 늘어나면 늘어났지 줄어들지는
않을 것이다. 아마도 개인의 데이터를 잘 보호하는 기업이
시장에서 가장 좋은 회사로 평가받게 된다.

소통하고 자비로운 세상을 위해 기술에 장착해야 할 것은 바로 '휴머니즘'

상호 신뢰가 존재하는 사이버 공간을 방해하는 악플, 디지털 낙인 등 오염원을 찾아 이를 해결하는 것이 매우 중요해진다. 그렇게 오염되기 전에 사용자뿐만 아니라 개발자에게도 윤리와 인성에 관한 교육을 해야 한다.

우리는 기술 발전만을 추구하는 게 아니다. 기술 진화를 통해 인간에 대해 더 배려하고, 자비를 베풀어야 한다. 기술 진화로 인해 사람들 사이의 더 많이 소통하고 선하고 좋은 세상을 추구하는 삶의 양식을 버리지 않아야 한다. 인간의 다양성을 이해하고 서로 존중할 수 있고 특히 남성과 여성의 다름과 역할에 대해 어릴 때부터 교육해야 한다.

소수의 특출한 천재들은 별도의 교육을 시키더라도 일반 아동들은 영재교육의 길을 따르기보다는 소통과 협업을 잘할 수 있게 해야 한다. 미국 사람들이 골프 같은 개인 스포츠보다 미식축구나 아이스하키, 농구 같은 단체 스포츠에 더 열광하는 이유는 소통, 협력, 리더십, 팀워크, 창의적 플레이, 희생을 온몸으로 느낄 수 있기 때문이다.

혼자 출중한 능력을 갖추기보다는 소통과 협업을 통해 자신의 능력과 경험을 공유할 수 있고 리더십이 있으며 희생과 봉사를 할 수 있는 인재가 되도록 가르쳐야 한다.

셋.

AI시대에도
유효한
우리 아이
성장 로드맵

징징대지 말고 뭐든 해라!

내가 몸담고 있는 안전지대 바깥으로 뛰쳐나가지 않으면 세상이 얼마나 넓은 줄 절대 모르는
법이다. 세상이 얼마나 변화하고 있는지, 어떤 미래가 다가오는지 알고 싶다면 부지런히
세상을 읽어야 하고 미래를 위해 새로운 지식과 기술을 배워야 한다. 더불어 타인과 함께하고
그들을 이해하고 그들과 시너지를 낼 수 있는 영역에서 지분을 가질 수 있도록 전문성을
길러야 한다. 설령 그 과정 속에서 실패를 하더라도 멈추지 않아야 한다. 실패가 많았다는
것은 그만큼 경험이 많다는 뜻이다. 경험하지 않고 얻는 '앎'과 지식은 절대로 문제해결을
하지 못한다.

안전지대에는
블루오션이 없다

뭔가를 찾고 싶다면 울타리를 박차고 나가라

"남들이 할 수 없고 하지 않을 일들을 하라!"

최초의 여성 비행사 '아멜리아 에어하트Amelia Earhart'의 말은
전형적인 블루오션의 전략과 일맥상통하고 있다. 그런데
안전지대에서 이런 블루오션을 찾는 것이 쉽지 않다. 그곳은 이미
경쟁자가 포화상태에 이른 레드오션이기 때문이다.

물론 블루오션을 개척하는 것이 쉽지는 않다. 직업을 고를 때
남들이 하지 않는 일을 찾아 자신의 장점을 살리면 그 분야야말로
바로 블루오션이 될 수 있다. 대기업에 들어가려고 기를 쓰고,
공무원 시험 열풍이 이는 것이 결코 바람직해 보이지 않는다. 특히
공무원이라는 전형적인 레드오션 판에 머릿수만 보태는 것은

무의미하다. 직업의 안정성이라는 메리트만 취하고 적성 등 나머지의 것들은 모두 버린 채 공무원이 되고자 몰두하는 사람들은 정말로 반성해야 한다. 도전하지 않는 젊은이들, 이를 수수방관하는 사회 분위기 모두 국가의 미래를 위해 전혀 도움이 되지 못한다. 자기 자신이 뭘 좋아하는지 탐색해 보고 그중에 잘할 수 있는 일을 골라 전력투구하는 과정이 절실히 필요하다.

오늘 선망의 대상이 되는 직업들이 미래에도 선망을 받을 만한 직업인지는 알 수 없다. 대기업이라고 다 좋을까? 교사라고 모두 안정적일까? 아니다. 이미 대기업 직원의 생존율이 그리 길지 않다는 것을 알고 있다. 대기업은 빨리 소모되고 퇴출되는 시스템을 갖고 있다.

취업난 시대에는 생각을 바꿀 필요가 있다. 세상은 넓고 할 일은 많고 갈 일자리는 언제나 있다. 글로벌 마인드로 무장하고 해외로 눈을 돌려보는 것도 나쁘지 않다. 동남아, 아프리카 등 개도국으로 시야를 넓히면 국내에서처럼 그렇게 치열하게 경쟁하지 않고도 목표를 이룰 수 있다. 그러기 위해서는 실력을 길러야 한다. 해외시장에서도 경쟁력 있는 인재가 되기 위해 늘 준비하고, 자기 자신을 다듬어야 한다.

부모가 만든 울타리 안에서 순치된 젊은이들은
부모와 같은 프레임으로 세상을 보고 판단한다

부모가 만들어준 안전한 울타리에서는 절대 도전 정신이 샘솟지 않는다.

많은 부모들이 자녀들을 지극히 사랑하는 마음으로 안전한 울타리를 만들어 주려고 한다. 그 안에서 상처 받지 않고 안락하게 살기를 바란다. 이해는 간다. 우리나라에는 위험요소들이 많기 때문이다. 게다가 국가나 사회가 그 위험을 잘 관리하고 통제하는 시스템도 부족하다. 부모들의 노파심이 하나도 이상할 것 없는 상황이다.

하지만 안전지대에 머물게 하려고 애쓸수록 아이의 자생력은 떨어질 수밖에 없다. 어느 순간 울타리는 오히려 아이에게 감옥이 된다. 갑갑한 사육장에서 크면 자유롭게 놓아주어도 떠날 줄을 모른다.

아이는 감수성이 민감하다. 부모의 힘과 권위를 쉽사리 거부할 수 없다. 애정 때문이든 두려움 때문이든 부모의 사소한 말이라도 거역할 수 없다. 부모가 세운 울타리가 튼튼하면 튼튼할수록 아이는 부모의 울타리에서 벗어나지 못한다. 자기만의 기발한 생각을 쉽게 포기해버리는 경향이 강하다. 이렇듯 과잉보호는 역경을 극복하려는 의욕과 도전 정신을 꺾어버린다. 위험하지 않은 수준에서 구렁텅이에 빠져도 보고, 벌레에 물려도 보며, 넘어져서 무릎이 까져보기도 해야 아이가 세상을 더 빨리 배울 수 있다.

**해야 하는 일, 하고 싶은 일, 할 수 있는 일이 모두 일치하면
금상첨화다
만약 일치하지 않는다면 '하고 싶은 일'에 방점을 찍어라!**

창업創業도 좋고, 창직創職도 좋다. 우리나라는 직업의 종류가
1만 종이지만 미국은 3만 종이라고 한다. 그 가운데 2만 가지는
우리나라에 없는 직업이다. 즉 언제든 뛰어들 만한 블루오션이라는
말이다.

대기업만 선호하지 말고 중견·중소기업에 들어가는 것도
괜찮다. 오히려 다양한 성장의 기회를 잡을 수 있다. 대기업에서
부품 같은 직원으로 일하는 것보다 오히려 다양한 포지션에서 여러
가지 일을 빨리 배울 수 있다. 조금만 열심히 해도 실력이 금방
부각된다.

나중에 창업을 할 때도 영감과 동력을 중소기업에서 더 많이
얻는다. 중소기업 출신들은 리더의 자리에서 조망하고 일하는
마음가짐이 이미 잘 돼 있다.

자신이 좋아하는 일은 남들도 좋아할 가능성이 크다. 자신은
좋아하지만 남들은 포기하거나 싫어하는 것들을 찾을 필요가 있다.
만약에 어딜 가도 레드오션이라면 새로운 도전을 해야 된다.
레드오션에 약간의 차별화를 꾀해 성공하면 그것이 퍼플오션[33]이기

....

33 Purple Ocean. 발상의 전환을 통해 레드오션과 블루오션의 장점만을 취한 새 시장

때문이다.

울타리 바깥으로 나가 변화와 도전에 자신을 던져야 한다

안전지대 너머의 위험을 감수해야 하며 용기 있게 행동하는 것이
말처럼 쉬운 일은 아니다. GE가 내세운 미래 인재에게 필요한
자질로 든 것이 '변화수용', '도전', '호기심', '열정', '유연성',
'회복탄력성'이다.

먼저 기존의 성공 방정식, 생각의 틀, 기업의 생리, 국가 운영
방식 등 모든 것을 내려놓고 새로운 변화를 받아들일 줄 알아야
한다. 모든 종류의 도전에 당당히 응전하겠다는 뚝심과 자신감을
키워야 한다.

사실 세상사가 내 마음대로 늘 쉽게 되는 것은 아니다. 한 조직에
들어가서 직접 겪으면 자신이 생각한 것과 많이 다를 때가 종종
있다. 일하는 방식이나 같이 일하는 사람이 안 맞을 수도 있다.
업무 프로세스가 불합리할 수도 있다. 하지만 그 모든 상황을
받아들여 극복하는 것이 필요하다.

'실천'과 '실험'으로 예측할 수 없는 미래에 대응해야 한다.
그리고 자신이 하는 실천과 실험을 하는 동안 경험한 시행착오를
되새겨야 한다. 실패가 두렵다는 생각보다는 이번 실패에서 많이
배운다는 생각을 먼저 해야 한다. 인간은 스스로의 힘으로
선택하고 그런 선택의 결과를 충분히 책임을 질 수 있는 능력을
갖고 있다. 자신을 믿고 도전하라!

꿈이 강렬하면
환경도 만든다

．．．．．．．．．．．．．．．．．．．．

"당신 꿈에 애착을 갖고 끝까지 밀어붙여 보면 분명 과거와는
다른 세상이 열릴 것이다."

　소설가 베르나르 베르베르가 말했다. 사람들은 누구나 꿈을 갖고
있다. 그것이 원대하든 소박하든 다 소중하다. 그런데 '꿈'이라는
단어는 왠지 막연하고 모호한 느낌을 갖는다. 어린 아이나
어른이나 자신의 '꿈'을 명확하게 말할 수 있는 사람은 드물다.
　그런데 이 '꿈'이라는 단어를 삶을 살면서 이루고자 하는
'목표'라는 단어로 바꾸면 선명한 실체를 띠게 된다. 그리고
이 '목표'는 생애 전반을 투자해서 이루고자 하는 '인생목표'와
그 '인생목표'를 이루기 위한 삶 중간중간 과정에서 이뤄야 하는
'과정목표'로 구분될 수 있다. '과정목표'라는 돌을 하나하나 쌓아
'인생목표'라는 탑을 쌓는 것과 같다.

인생목표와 과정목표는 같지 않다
인생목표가 확고해야 한다

인생목표는 일관성이 있어야 한다. 인생목표는 대체 불가능한 성질을 갖는 것이 맞다. 이러한 거대 목표가 흔들린다면 중간중간의 과정목표까지 쉽게 붕괴될 수밖에 없다. 어느 대학을 가고, 어떤 직업을 갖는 것은 인생목표가 될 수 없다. 단순히 과정목표일 뿐이어야 한다. 과정목표는 언제든 수정하거나 대체가 가능하다.

직업은 인생목표를 달성하는 과정에 놓인 징검다리 같은 것이다. 직업적으로 성공을 거두더라도 자신이 꿈꾸던 인생목표를 이루지 못하는 사람들이 있을 수 있다. 남들이 보기에 번듯한 직업을 가진 사람들이 그 직업을 박차고 뛰어나오는 모습을 보는데 그것은 자신의 인생목표를 이루지 못해서 가지는 실망과 좌절 때문이다.

인생목표를 세우고 그 목표를 이룰 수 있는 직업을 선택하는 것이 좋다. 그 직업은 하나일 수도 있지만 여러 개가 될 수도 있다.

시인 폴 발레리는 '생각하는 대로 살지 않으면 사는 대로 생각하게 된다'고 말했다. 인생목표가 없으면 훗날 어려움이 닥쳤을 때 쉽게 삶에 균열이 생기고 무너질 수 있다. 당장 대학에 들어가는 것이 시급하고, 취직하는 것이 중요한 마당에 무슨 인생목표냐고 묻는 사람들도 있을 수 있다. 이들은 대학과 직업을 인생목표와 동일시하는 근시안을 못 버린 사람들이다. 하지만 인생목표가 뚜렷하고 강렬하면 그것을 이루게 하는 환경, 즉 과정목표가 제대로 설 수 있다.

환경이 갖춰져야만 꿈을 꿀 수 있는 건 아니다. 환경이 갖춰질 때까지 미룰 수 있는 꿈이라면 과연 절실한 것일까?

인생목표가 확고하면 같은 상황을 다르게 받아들이고 그에 따라 반응도 달라질 수 있다. 절망적 상황에서 자살을 생각하는 사람도 있지만 벗어나려 노력하는 사람도 분명히 있다.

자신에 대한 믿음이 단단한 인생을 이끈다
스스로 꿈을 세우고 다듬는 사람이 '프로'다

살아가는 사람들 모두 심하든 덜하든 불안을 느끼며 살아간다. 시대를 초월해 상대적 박탈감도 인류가 늘 경험하는 것이다. 지금은 풍요로운 시대인데도 불구하고 상대적으로 박탈감이 더 큰 시대이다. 그러나 'N포 세대'라고 자조하면서 20대에도 벌써 포기하는 사람도 있는가 하면 70대에도 포기하지 않는 사람도 있다는 것을 깨달아야 한다.

내가 놓인 환경에 질질 끌려다니는 '포로'가 아니라 내가 원하는 것에 당당히 도전하고 이뤄내는 '프로'가 될 필요가 있다. 어떻게 해야 프로가 될 수 있을까? 자기 자신이 자신의 꿈, 목표를 스스로 세울 수 있어야 한다. 부모가 정해주는 대로, 친구 따라, 선생님이 권유해서 만든 목표는 허약할 수밖에 없다. 약하면 쉽게 포기하게 된다.

자신의 꿈을 세운 다음에는 꿈을 실현하기 위한 재능을 갈고닦아야 한다. 프로 스포츠 선수들을 보라! 그들은 이미 최고의 반열에 올랐지만, 하루도 연습을 게을리하지 않는다. 변명이나 핑계가 많은 아마추어들과는 꿈을 대하는 태도가 이토록 다르다.

"자신이 될 수 있는 존재가 되길 희망하는 것이 삶의 목적이다."라는 신시아 오지크Cynthia Ozick의 말처럼 존재의 목표를 설정하는 것은 인생을 살아가는 데 큰 이정표가 될 수 있다.

열망하는 만큼 성공할 수 있다

성취의 크기는 꿈의 크기에 비례하는 법이다. 요즘 에베레스트 등정 성공률이 과거보다 크게 높아진 이유 중 하나는 베이스캠프의 높이가 과거 해발 약 3,000미터에서 요즘은 5,000미터쯤으로 높아졌기 때문이다. 과거에 비해서 조금만 더 올라가기 위해 노력하면 정상에 다다를 수 있게 된 것이다.

인생목표가 낮으면 인생이 낮아진다. 꿈이 강렬하면 꿈이 이뤄지는 환경까지도 그 꿈이 만드는 법이다. 높은 목표를 추구해야 그런 목표를 실현할 기회를 얻는다. 좌절할 수밖에 없는 상황에서조차 좌절할지, 극복하고 반등할지는 자신의 선택에 의한 것이다.

꼭 공부만 잘하는 것이 성공할 수 있는 열쇠가 아니다. 공부는 인간이 인간답게 살아가는 데 필요한 기본 소양이자 최소요건일 뿐이다. 세상을 살아가는 데 꼭 공부를 잘해야만 성공하는 것은 아니다. 이 세상에는 자신의 재능을 잘 계발해 끈기 있게 노력한 결과 누구도 넘보지 못하는 독보적인 위치에 오른 경영인, 예술가, 운동선수들도 많다.

별로 잘하는 것이 없다고 단념하지 마라! 사람들 대부분은 무엇이든 소질이나 재능을 갖고 있다. 사람은 누구나 자기 개성에 알맞고 자기가 할 수 있는 쓸모가 있다. 하나님은 모든 사람에게 이 세상에 쓰임이 있을 달란트 하나 정도는 반드시 선물해주시는 분이다. 자기 안에 감추어진 가능성을 계발해서 키우려고 꿈꾸는 순간부터 삶은 그 이전의 삶과는 완전히 달라지기 시작한다.

이미테이션 말고
오리지널이 돼야 한다

이미테이션Imitation으로 성공할까? 오리지널Original로 실패할까?

아무리 성공을 해도 그것이 자신의 것이 아니라면 스스로
자존감이 낮아지고 다음 성취 동기가 약해지기 마련이다. 삶을
살아가는 데 있어서 자기 자신답게 살아야 오리지널이 된다.
'나다움'은 자신감의 원천이다.

나답게 산다는 것은 과연 어떤 것일까? 그것은 하고 싶은 일을
하는 것이다. 자신이 좋아하는 일, 잘하는 일, 더욱이 남들이
선망하는 일이면 더 바랄 게 없다. 하고 싶은 일이어야만
자발적으로 열심히 할 수 있고 자기 역량을 최대한 발휘할 수 있다.

하고 싶은 일을 하려면 내가 그 일을 하고 싶어 한다는 사실을
스스로 받아들여야 한다. 하고 싶어 하는 나를 인정하는 자기
발견의 과정이 따라야 한다. 다음으로 그 일을 왜 하고 싶어 하는지

스스로를 이해하고, 행동으로 표현하는 과정을 거쳐야 한다.

가수가 되고 싶으면 보컬 트레이닝을 받아 오디션에 참가해야 하고 화가가 되고 싶으면 데생부터 배워 실력을 기른 후 미술 대전에 응모해야 한다. 뭔가를 계속 실천을 함으로써 자기 자신에 대한 정보를 업데이트시킬 수 있다.

내 기량은 어느 정도일까?
이 오디션(공모전)에서 드러난 나의 장점과 단점은 무엇일까?

하고 싶은 걸 하면 내가 어떤 재능을 가졌는지를 알 수 있다. 그러다 보면 어느 순간 자신의 특기를 선택할 수 있고, 집중할 수 있게 된다.

한 가지 재능을 선택해 최선을 다한 후, 결과를 경험해 봐야 자기가 가진 재능의 종류와 깊이와 몰입 정도를 알 수 있다. 어떤 경험을 선택할 것인가? 잘 생각해보면 어렵지 않다.

하고 싶은 것, 좋아하는 것, 아름답게 느꼈던 것, 옳다고 생각한 것을 선택하면 된다.

자신의 삶 자체가 이미 많은 기회를 축적한 저장고다

자기가 뭘 잘하는지, 무엇이 되고 싶은지를 잘 모르겠다고 말하는 사람들이 있다. 충분한 자기관찰의 시간을 갖지 못했기 때문에 그렇게 말하는 것이다.

자신이 살아온 삶 자체가 이미 꿈의 단서를 쥐고 있다. 과거를 끊임없이 돌아보면 현재의 나, 미래의 나를 찾을 수 있으며 하고 싶은 것을 찾게 된다. 그런 다음에는 실천해야 한다. 그 하고 싶은 일이 만약 주변 사람들의 동의를 얻지 못한다면 어려운 설득과정도 기꺼이 감수해야 한다.

내가 어떤 일을 할 때 행복한지, 그 일을 얼마나 좋아하는지, 아무리 힘들고 지쳐도 그 일을 할 때만은 왜 내 얼굴이 밝을 수 있는지를 주변사람들에게 말하고, 보여야 한다.

적성은 '나다움'이다. 나답게 살아야 살맛이 난다. 적성에 맞지 않는 일을 해야 할 때도 있다. 말 그대로 살아가는 데 필요한 연명의 수단인 생업이 적성과 맞지 않을 수도 있다.

하지만 이 와중에도 적성에 맞는 일을 찾는 과정을 병행해야 한다. 적성도 맞는 데다가 생계를 잇게 하는 일이라면 고마워해야 한다. 연관성 있는 일을 병행하는 투잡을 뛰어보는 경험도 아주 소중하다.

오리지널이 되려면 자신의 정체성과 가치관을 스스로 선택해야 한다

인문학적 경험을 통해 자신의 정체성과 가치관을 정립해야 한다. 100세 시대가 오는 미래, 그 긴 세월을 의미 있게 살기 위해서 필요한 것 중 하나가 인문학적 소양과 역량이다. 스펙을 쌓는 것보다 자신의 위치에 대한 성찰을 열심히 하고 그 지위를 다지기 위한 여러 가지를 모색해 보는 것이 더 중요하다. 그러기 위해서는 생각하는 힘을 길러야 하는데 가장 좋은 방법이 책을 많이 읽고, 여행을 많이 다녀보는 것이다.

자신을 진짜 자신으로 만드는 방법은 끊임없이 자신을 탐구하는 길밖에 없다. 진짜 '나'는 억만금을 줘도 쉽게 살 수 없다. 남이 하는 명품, 남이 타는 차에 시선을 빼앗겨 그대로 따라 하면 이류, 짝퉁일 뿐이다. 가짜가 느끼는 행복이 진짜일 리 없다.

정답이 아니라
납득답을 찾아야 한다[34]

정답이 없는 시대가 온다

일본 최고의 교육전문가 후지하라 가즈히로는 앞으로 미래
사회를 '정답이 없는 시대'로 보았다. 꾸준히 사회가 발전하던
과거의 성장 시대에는 '정답'만 잘 맞추면 좋은 학교, 좋은 회사에
들어가 안정적인 삶을 살 수 있었고, 편안한 노후까지 보장받을 수
있었다.

우리나라의 학교 교육과정 역시 정답을 찾아가는 싸움으로
시작해서 그 싸움으로 끝났다. 최소한 남들처럼, 최대한 남들보다
앞서 살아야 했기에 정답 찾기에 골몰했다. 조금이라도 '남과 다른'

....

34 조선일보, [정답 대신 '납득답' 찾는 게 진짜 공부], (2016. 5. 14)
후지하라 가즈히로 저, 『완벽하지 않은 스무 살을 위한 진짜 공부』

답은 '오답'으로 취급받았다.

다른 사람이 만든 답을 외우고 커트라인을 통과하기 위해
아등바등 시험을 준비해야 했다. 커트라인을 통과한 비슷비슷한
수준의 사람들끼리 모여 주류를 형성했다. 거기 끼지 못하는
사람들은 아웃사이더나 낙오자로 취급받았다.

그런데 이렇게 정답을 주입받는 공부법을 배우다 보니 커다란
부작용이 생기고 말았다. 사물이나 상황에 대해 자기 혼자서
비판할 수 있는 능력이 점점 사라지고 만 것이다. 자기 스스로
결정을 내리지 못하는 결정장애자들이 점점 늘어나는 모습은
당연한 결과인지도 모른다.

미래에는 개인의 가치관이나 삶의 방식, 일하는 방법과 취미들이
매우 다양해진다. 하나의 정답으로는 설명할 수 없는 것들이 점점
많아지게 된다. 성장이나 물질의 풍요가 행복의 유일한 척도가
아니게 된다. 마음의 풍요가 중요해지는데, 잘 알다시피 마음의
풍요는 남들이 만들어주는 것이 아니라 자기 스스로 느끼는
것이다. 다른 이들의 눈에는 가난해 보여도 스스로는 지극히
만족스러운 사람들도 있을 수 있다.

남이 만든 정답과 나의 정답이 충분히 다를 수 있다. 그래서
미래에는 과거와 같은 방식으로 정해진 답을 찾으려는 노력은 더
이상 필요 없어지게 된다. '정답이 없는 시대'라는 표현은 답이 없는
세상이라는 뜻이 아니라 각자 자신만의 정답을 만들어 내야 하는
시대라는 뜻의 역설법이 아닐까?

스스로 납득답을 만들어야 한다

사회에서, 직장에서, 타인과 맺는 관계나 일상에서 부딪히게
되는 모든 문제에 똑떨어지는 '정답'을 찾는 것은 매우 어렵다.
그래도 많은 이들이 자신을 최고로 행복하게 만들어줄 '나만의
정답'을 찾기 위해 고군분투하고 방황하는 것을 멈추지 않는다.

남들보다 더 좋은 학교에 가고, 더 탄탄한 직장에 들어가고서도
박차고 나와 새로운 길을 모색하는 사람들도 점점 늘고 있다.

과거와 현재의 공부법들은 잊을 필요가 있다. 이렇게 예측이
점점 무너져 내리고, 정해진 길들이 점점 모호해지는 미래
세상에서는 자신이 배웠던 것들을 매순간 의심할 필요가 있다.

변화하는 것은 두려운 일이다. 그렇다고 마냥 과거에 매달려서
변화하는 시대의 흐름을 못 본 척해서는 안 된다. 후지하라
가즈히로는 이런 정답이 없는 시대를 사는 사람들은 늘 다음
두 가지 질문을 스스로에게 던질 줄 알아야 한다고 말한다.

"사람은 무엇을 위해 사는가?"
"사람에게 행복이란 무엇인가?"

삶의 목적과 방향을 성찰하지 않고, 개인에게 있어서의 행복의
의미를 제대로 탐구하지 않은 채 살아간다면 절대로 행복해질 수
없다는 것이다.

성장을 멈춘 사회에서는 국가와 기업이 개인의 행복을 보장하지

않기 때문에 자신의 행복에 대한 정답을 스스로 만들어 갖고 있어야 한다. 후지하라 가즈히로는 그것을 '납득답'이라고 지칭했다.

자신이 납득하고, 남들도 납득시킬 수 있는 '납득답'을 얻기 위해서는 어떻게 해야 할까?

더 이상 돈을 잘 벌고 물건을 많이 소유하는 것만이 정답이 되지 않는 미래에는 세상에 대한 관심을 높여야 하고 다른 사람들과 연대해야 한다.

인문학 서적을 읽고 많이 여행하고, 타인과 함께 공동과제를 해결하기 위해 노력해야 한다. 미래에는 독불장군식으로 살 수 없다. 혼자서 하는 공부가 아니라 많은 사람들과 복수複數의 정답을 찾기 위해 협력하는 공부를 해야 한다. 교사들과 학부모들도 학생들에게 단순히 지식을 전달하고 시험점수에 연연하기보다는 '어떻게 살아갈 것인가?'를 가르칠 필요가 있다.

인생의 주체가 되어 마음껏 생각하고, 이야기하고, 실행하면서, 스스로 정답을 만들어나가는 사람들은 자신이 내린 결정에 대한 결과 역시 분명하게 책임질 줄 안다.

노력하지 않으면
재능 DNA도 사라진다

꿈을 실현하는 최종병기 '재능'

꿈을 실현하기 위해서 필요한 요소들에는 어떤 것들이 있을까?[35]
가장 먼저 삶을 긍정하고 적극적으로 임하는 태도가 필요하다.
열정을 잃지 말고 늘 끊임없이 호기심을 가져야 한다. 그리고 몸과
마음이 건강해야 하고 꿈을 향해 질주하기 위한 좋은 습관을
들여야 한다.

종교적인 선한 신념이나 낙관적인 생각을 갖는 것도 필요하다.
감정적으로 성숙하여 문제 해결에 능할 필요가 있다. 끈기가
있어야 하고 어려움을 이겨내려는 용기와 의지를 갖고 있어야

....

35 공병호 저 『황금의 씨앗을 뿌려라!』

한다. 조화로운 인간관계를 바탕으로 한 휴먼 네트워크도 필수다.

타인과 세계에 대한 따뜻한 마음, 시장을 읽어내는 현실 감각, 전문적인 지식을 겸비하는 것도 필요하다. 개인을 특화할 수 있는 브랜드를 가지면 좋다. 거기에다가 헌신하는 가족과 경제적인 넉넉함도 꿈을 실현하는 데 매우 필요한 요소들이다.

그런데 이 모든 요소들보다 중요한 선결과제는 무엇일까? 바로 나의 재능을 찾는 것이다.

"내 재능은 무엇일까?"
"이 재능으로 할 수 있는 업은 무엇일까?"

평생직장은 사라지고 직업도 여러 개를 가져야 하는 미래 시대에는 한 가지 공부보다는 자신의 내면에 숨은 다양한 재능과 개성을 찾아내는 일이 엄청 중요해진다.

재능이 아니라 노력을 칭찬하라![36]

미래는 자기브랜딩이 중요한 시대다. '나'를 하나의 회사처럼 생각하고 잘 경영할 필요가 있다. 특히 회사는 브랜드의 가치와

---

36 캐롤 드웩 저 『성공의 새로운 심리학』

명성에 따라 수익의 격차가 엄청나게 벌어질 수 있다. 개인에게
그 브랜드는 '재능'을 뜻한다. 어떤 재능을 키워서 어떤 일을 하며
어떻게 돈을 벌지 일찌감치 준비해야 하는 것이 중요하다.

평생 사용할 수 있는 '재능'을 찾아서 그 재능을 특화된 강점으로
만들기 위해서 가장 필요한 것은 '노력'이다. 노력보다 절실하고
강력한 무기는 없다. 미국의 베스트셀러 소설가이자 시나리오
작가인 스티븐 킹은 말했다.

재능은 식탁에서 쓰는 소금보다 흔하다.
재능 있는 사람과 성공한 사람을 구분 짓는 기준은 오로지
엄청난 노력뿐이다.
타고난 재능을 가지고 있다는 것은 출발선에서 조금 앞에 섰다는
의미에 불과하다.

그렇다. 아무리 뛰어난 재능을 가져도 갈고 닦지 않으면 천재도
어느 순간 평범한 사람으로 살게 되는 것이다. 그래서 '재능'보다는
'노력'이 훨씬 더 중요하다. 이는 미국 심리학자 캐롤 드웩이 실시한
한 심리학 실험결과에서도 그대로 증명되었다.

어린이들을 두 그룹으로 나누어 퍼즐 풀기를 시켰다. 처음에는
두 그룹의 어린이들 모두가 풀 수 있는 쉬운 퍼즐을, 나중에는
어려운 퍼즐을 풀도록 했다.

쉬운 퍼즐 풀이 후 한 그룹에게는 "너는 정말로 똑똑하구나!"라고
말했고, 다른 그룹에게는 "퍼즐을 풀기 위해 정말로

노력했구나!"라는 말을 했다. 한 그룹에게는 '재능'을, 다른
그룹에게는 '노력'을 칭찬한 것이다.

다음 날, 두 그룹의 어린이들에게 어려운 퍼즐을 풀게 했다.
결과는 놀라웠다. 어제 '재능'을 칭찬받았던 그룹은 퍼즐을 풀려
하지 않았는데 반해 '노력'을 칭찬받은 그룹은 계속 퍼즐 풀기에
도전하는 모습을 보인 것이다.

왜 '재능'을 칭찬받은 아이들은 퍼즐을 풀려 하지 않았을까?
혹시나 어려운 퍼즐을 풀지 못하면 자신의 '재능'이 부정당할까
두려웠던 것이다. 하지만 '노력'을 칭찬받은 아이들은 설령 어려운
퍼즐을 풀지 못하더라도 마음에 깊은 상처를 받지 않을 자신이
있었다. 왜냐하면 자신들은 풀려는 '노력'을 인정받았던 아이였기에
계속 도전하는 그 자체만으로도 칭찬에 대한 기대가 계속 이어질
수 있었기 때문이다. '재능' 그룹은 '고정된 마음가짐fixed mindset'을
가졌고, '노력' 그룹은 '성장하는 마음가짐growth mindset'을 가졌다.

자존감을 존중하면 실패에 굴복하지 않는다

'고정된 마음가짐'을 가진 사람들은 이미 모든 문제의 답을 알고
있다고 쉽게 착각한다. 그래서 이들은 어떤 실패도 경험하지
않겠다고 생각하는 사람들이다.

'성장하는 마음가짐'을 가진 사람들은 무엇이든 배워나갈 수
있다는 자세를 가진 사람들이다. 끊임없이 변하고, 하루에도

수많은 정보가 쏟아지는 미래에 어떤 자세를 가진 사람들이 세상에 더 잘 적응할까?

오늘 부모나 교사, 학습지가 뽑아준 정답은 내일이 되면 정답이 아닌 것이다. 한 번도 직면해보지 못했던 새로운 문제들을 풀어가야 하는데 부모가 쥐고 있는 정보에 의존하려는 자녀들은 더 이상 성장하지 못한다.

왜 저렇게밖에 못할까? 한심스럽더라도, 다른 아이들보다 더딘 것처럼 보여도 부모는 무조건 자녀들을 믿으며 기다려야 한다. 그리고 노력하는 것만큼 칭찬을 아끼지 않아야 한다.

고정된 마음가짐을 가진 아이들을 보면 대부분 그 부모 역시 같은 자세를 지닌 사람들이 대부분이다. 부모의 신뢰만큼 자녀들은 성장하고 성공하는 법이다.

실패는
성장 에너지원이다

아이가 실수했을 때 건네는 말 "축하한다!"[37]

아이들은 자라면서 크고 작은 실수를 많이 한다. 엄마가 아끼는 접시나 유리잔을 깨뜨리기도 하고 가지고 놀던 장난감을 떨어뜨려 망가뜨리기도 한다. 그런데 유대인 부모는 아이가 접시나 물건을 깨뜨리는 바로 그때 "마잘톱mazaltov!"이라고 말하면서 박수를 친다고 한다.

'마잘톱!'은 '축하한다.'라는 뜻의 히브리어이다. 유대인은 아이의 '실수'는 성장 과정에서 겪게 되는 다양한 경험 중 하나라고 여기며 매우 소중해한다.

....

37 문정화 저 『유대인의 자녀교육 38』

유대인 부모들이 가진 실수에 대한 이런 관용적이고 긍정적인
태도가 유대인의 창의성의 원천이라고 말하는 사람들도 많다.
유대인 부모는 성공이 가장 최선이지만 설령 실패한다고 해도
그것은 부끄러운 일이 아니니까 아이에게 두려워하지 말고
과감하게 도전하라고 가르친다. 심지어 유대인 부모들은 시련을
의도적으로 만들어내서 자녀들의 위기 대처 능력을 단련시키는
'좌절교육'을 시키기도 한다. 아이들이 과도한 칭찬과 격려 속에서
오만해지는 것을 경계하기 위해서이다.

실패란 다양한 경험의 다른 이름일 뿐

우리나라는 전통적으로 부모의 권위주의가 워낙 강해서 자녀가
조그만 실수를 해도 심하게 꾸짖는다. 이러한 가정환경에서 자란
아이는 성장해서도 자기 뜻대로 어떤 일을 주도적으로 하기보다는
실수를 할까 봐 매사에 조심하고 신중하며 좀처럼 모험을
시도하려고 하지 않는다. 접시를 깰까 두려워서 접시를 쌓아놓고
쓰지 않는 것과 같다.
아무리 예뻐도 먼지만 소복이 앉은 접시를 바라만 보고 있다면
무슨 소용인가? 이런 사람에게 창의적으로 자기 세계를 개척하라고
외쳐봤자 소 귀에 경 읽기일 수밖에 없다. 어떤 도전이든
그 과정에서 배우는 게 있게 마련이다. 이렇게 생각하면 인생에서
진짜 실패란 없는 것이다. 다만 다양한 경험이 있을 뿐이다.

사실 실패가 좌절과 공포만 주는 것이 아니다. 직장도 다녀보고, 창업도 해 보고, 프리랜서도 해봐야 많은 경험이 쌓여 성공을 위한 밑거름이 될 수 있다.

인생은 '모 아니면 도'가 아니다. '한 방' 인생을 꿈꾸는 사람일수록 실패를 두려워하는 경향이 강하다. 모든 꿈을 장래 직업과 연결할 필요도 없다. 직업적 꿈만 꿈은 아니다. 반드시 꿈을 펼쳐서 먹고살아야 하는 것도 아니고, 그 세계에서 '넘버원'이 돼야 하는 것도 아니다.

선택지가 별로 없다고 생각하며 '모 아니면 도'식으로 접근을 하는 사람일수록 재기불능의 실패를 할 가능성이 매우 높다. 이걸 선택하면 저걸 포기해야 한다는 생각을 굳이 할 필요가 없다. 하고 싶은 걸 하면 인생이 재미있고 다채로워지고, 어떤 의미에서는 풍요로워질 수 있다. 성공하지 못하고 목표를 못 이룬다고 패배자일까? 그렇다면 에디슨도, 아인슈타인도, 스티브 잡스도 엄청난 패배자였을 것이다.

실패에 이르는 과정에서 값진 삶의 경험, 지혜, 통찰력 등 얻는 것이 정말 많다. 실패를 하더라도 자신을 루저Loser가 아닌 이 귀한 자산을 모은 위너Winner로 여길 필요가 있다. 위기도 겪고, 한계를 알아가면서 차츰 성장하는 존재가 바로 인간이다.

힘들 때 그 힘든 일에 매몰되면 더 힘들다. 그럴 땐 포커스를 다른 곳으로 돌려 보는 것도 필요하다. 실패를 실패로만 바라보지 않는다면 그 사람은 결코 낙오자가 되지 않는다. 자신이 어디에 초점을 맞추느냐에 따라 인생이 달라진다.

실패를 용인하는 문화, 긍정마인드가 필요하다

미래학자들에 따르면 최근 태어나는 세대들의 평균 수명이 135세라고 한다. 이렇게 긴 인생에서 시행착오 좀 겪는다고 무슨 큰 일이 일어나지 않는다. 솔직히 젊은 날의 몇 년의 혼란과 방황은 널따란 여백의 한 귀퉁이일 뿐이다.

새로운 것, 창조적인 것을 무엇보다 중요하게 여기는 유대인들은 대학 졸업 후 20%가 취업하고 80%가 창업한다. 이스라엘에서는 보조금을 받은 기업이 실패해서 또 보조금을 요청하면 실패 이유를 살피기는 하겠지만 언제나 아이디어가 좋다면 지원금을 받는 데 문제가 되지 않는다고 한다. 실패하더라도 경험을 얻을 수 있기 때문이다.

하지만 우리나라는 어떠한가? 우리나라에서는 한 번 실패하면 좀처럼 다시 일어서기 힘들다. 신용이 떨어져 돈을 빌리기도 힘들고 은행에서도 신용 불량자로 낙인찍는다. 그런데 누구보다 더 빨리 낙인을 찍는 사람이 바로 자기 자신이다.

'나는 실패했어. 사람들이 나를 바보로 보는 것 같아.
그러니까, 앞으로는 실패 가능성이 낮은 일, 쉬운 일만 해야겠어.
그러면 나는 자아에 상처를 입지 않을 거야!'

'고정된 마음가짐'이 생겨버린 것이다. 무언가 새롭게 시작한다는 것 자체가 무모한 모험으로 느껴져서 더욱더 새로운 일에 도전하는 것이 쉽지 않다. 하지만 진짜 자존감은 실패를 딛고 일어설 때 생긴다. 그러니 새로운 시도를 할 때에는 '이 일에 실패하더라도 나는 더욱 성장할 테니까 괜찮아!'라는 '성장하는 마음가짐'을 잊지 않아야 한다.

실현 가능한
구체적인 목표를 정복한다

현실적인 꿈을 꾸게 한다

유대인 부모는 아이에게 부모가 기대하는 것이 무엇인지 노골적으로 표현하는 일이 드물다. 자녀에게 필요 이상의 부담감을 주지 않기 위해서이다. 이런 마음의 밑바닥에는 '자녀의 삶은 자녀의 것'이라는 사고가 깔려 있다.

유대인 아이들은 자기가 하고 싶은 일, 좋아하는 일을 중심으로 자신의 꿈을 구체적으로 설계해 간다. 부모들도 허황되거나 실현 불가능한 꿈이라면 왜 이 꿈을 현실에서 이룰 수 없는지를 자세히 설명해 준다. 하지만 이조차도 절대 강요조로 말하지 않는다.

하지만 대부분 우리나라 부모들은 아이들의 꿈을 그렇게 크게 생각하지 않는다. 금방 바뀔 수 있는 가변적인 것이라 여겨서 건성으로 대한다. 그래서 허황된 꿈을 이야기해도 무작정 칭찬을

하거나 오히려 꿈의 크기를 나무라며 더 거창한 꿈을 품으라고
요구한다.

어릴 때부터 부모로부터 자신의 꿈이나 목표에 대한 현실적인
조언을 제대로 받지 못한 아이들이 이후에 자라서 얼마나 진지하게
자신의 욕망과 대면할 수 있을지는 참 의문이다.

자기효능감이 도전의식으로 이어진다

실현이 가능한 꿈이나 실천이 가능한 목표를 가지는 것은
자기효능감을 키우는 데에도 중요하다. 자기효능감이란 '어떤
일이나 상황에 처했을 때 그 일을 자신이 잘해낼 수 있을 것이라고
믿는 정도'를 뜻한다. 즉 자신의 능력에 대해 가지는 확신을
가리킨다.

바로바로 실천할 수 있고, 성공할 수 있는 목표가 쌓일수록
그 아이는 자기의 능력을 의심하지 않는다. 자존감도 높아진다.

자기효능감이 떨어지는 아이들은 쉽게 포기하고, 자아에
큰 상처를 입어 다른 도전도 다시는 안 하려는 경향이 강하다.
이런 아이들의 특징은 자존감이 매우 낮다는 것이다. 반면 자신의
능력을 믿는 아이라면 어려움에 처했을 때도 쉽게 물러서지 않고
도전을 한다.

단 한 번의 성공 기억도 자존감의 원천이 된다

이렇게 자신에 대한 믿음이 강하고 자기 능력을 발휘하는 데
겁먹지 않는 아이들은 어떻게 해서 높은 자기효능감을 가지게 된
것일까?

그 아이는 단 한 번이라도 성공을 했던 기억을 가지고 있다. 뭔가
자기 스스로 해냈을 때의 뿌듯한 성취감과 흥분은 쉽게 잊히지
않는다. 새로운 상황에 부딪혀서 두려움이 생길 때도 예전의 성공
기억이 도전을 부추긴다.

'해보니까 별거 아니잖아!'
'나도 할 수 있네. 다음에 다시 해 봐야지!'

뚜렷한 성공 기억을 갖고 있지 않아도 자신의 능력을 믿고
도전하는 아이들이 있다. 대부분 그 아이들은 같은 상황에
직면했던 사람들을 자세히 관찰했던 기억이 있다. 그리고 그들이
성공하는 모습을 기억에 담아두었다가 도전해보는 것이다.
그러니까 자녀들에게 부모들이 도전하고 성공하는 모습을 자주
보여주는 것도 좋은 교육이다. 그 성공이 사회적으로 물질적으로
하는 성공만을 뜻하는 것은 아니다. 선생님이나 부모로부터 받은
격려나 칭찬도 자기효능감의 좋은 원천이다. 사실 어린
자녀들일수록 칭찬과 격려는 꽤 유용한 방법이기도 하다. 그러니까
너무 심할 정도로 아이의 실수를 엄하게 질책해서는 안 된다.

못하는 것도 있다. 그럴 때는 잘하는 것을 더 잘하게 만들자!

성공 기억을 만들어주기 위해 자녀가 잘 못하는 것을 일부러 계속 반복해 시킬 필요가 없다. 아무리 '성공 기억'을 주기 위해서라도 여러 번 이뤄진 실패가 아이의 마음을 짓누를지도 모르기 때문이다. 내 아이가 모든 것을 잘할 거라는 착각을 버려라. 못하는 것도 있는 것이 너무나 당연하다. 오히려 다 잘하는 것이 이상한 것이다.

그런데 보통 부모들은 단점을 발견하면 그것을 보완하기 위해 노력을 한다. 하지만 단점은 보완해봤자 평균일 뿐이다. 오히려 잘하는 것을 더 잘하게 키울 생각을 하는 것이 좋다. 강점은 무한대로 커질 수 있다.

아이에게 스스로
결정할 분야와 권리를 준다

....

아주 어린아이가 혼자 뭔가를 해낼 때 부모들은 대견해하고
기뻐한다. 엉금엉금 기어 다니던 아이가 똑바로 앉기 시작할 때,
처음으로 걸음마를 시작할 때, 숟가락을 쥐고 밥을 먹기 시작할 때,
유치원에 간다고 혼자 신발을 신기 시작할 때 느꼈던 뿌듯함을
기억해보라! 제대로 하지 못해 넘어지고, 밥알을 흘리고, 양말을
더럽혀도 그저 칭찬만 퍼붓지 않았던가! 그러나 점점 아이가
자랄수록 부모들은 그 행복했던 기억을 잊어버린다.
어느 순간부터인지 아이들이 자기 스스로 결정하는 것을 부모들은
그렇게 좋아하지 않는다. '제멋대로'라는 말로 아이의 선택을
치부해버리고 못마땅해하는 일이 늘어난다.

자녀들도 자신만의 권한을 갖기를 원한다

　아이에게 아무것도 맡기지 않으면서 아이가 뛰어난 창의력과
문제해결 능력과 자기절제 능력을 가지기를 바라는 것은 과욕이다.
물론 혼자 하게 했다가 아이가 다치거나 실수를 하는 것이
부모로서는 매우 안타까울 수는 있다. 하지만 그런 조바심에
아이를 엄마 품에 가두어 두려고만 한다면 어떻게 될까? 아마도
자녀의 창의력과 문제해결 능력도 함께 갇혀 버릴 것이다.

　이제 세상은 공부만 잘하는 아이를 원하지 않는다. 시키는 대로
하기보다 창의력이 풍부한 사람을 원한다. 남들과 다른 방향으로
생각할 줄 아는 아이로 키우기 위해서는 자립하게 해야 한다.
자립시키려면 자녀가 끊임없이 스스로 결정하게 해야 한다.
자립심은 스스로의 선택과 결정을 통해 발달한다. 부모는 지시를
내려서는 안 된다. 자녀 스스로 좋아하고 즐겁게 할 수 있는 것을
선택하도록 도와줘야 한다.

　자신이 결정하고 싶어 하는 분야와 그것을 결정하는 권리를
인정해 주어야 한다. 예를 들어 딸이 유독 자기 스스로 옷을 결정해
입고 싶어 한다면 그렇게 둬야 한다. 영어 과목에서는 도움을 받던
아들이 수학은 스스로 하고 싶어 한다면 그렇게 해주어야 한다.
더디게 답을 찾더라도 가만히 지켜볼 필요가 있다. 이런 과정을
통해 자녀에게는 자기절제 능력이 생긴다. 절제력은 '어떤 일을
결정할 때 자신의 행동이 낳을 결과를 고려할 줄 아는' 능력이다.
자기 스스로 정한 행동이기에 더 지키려고 노력한다.

만약 지키지 못하더라도 책임감을 느끼며 스스로 해결하려고
한다.

기다려주면 자녀들이 행복해진다

실제로 과학적인 실험결과 지시를 받는 데 익숙해진 아이는 행복
호르몬이라고 불리는 세로토닌과 의욕 호르몬인 도파민이 스스로
하는 아이에 비해서 감소되었다. 도파민은 너무 과해도
ADHD(주의력결핍 과잉행동장애) 같은 부작용이 있지만, 너무 부족해도
무기력증에 빠질 수 있다.

요즘 사람들 중에는 스스로 뭔가를 결정하지 못하는 소위
'결정장애'를 앓는 이들이 많다. 한국은 아이의 목표를 엄마가
결정하고, 유대인은 엄마와 아이가 의논해서 아이의 목표와 재능을
찾아주려고 애쓰는 차이가 있다고 한다.

한국 엄마들은 목표를 정해놓고 그곳에 애들을 밀어 넣는다.
하지만 유대인들은 아이를 한 인격체로 인정하고 본인 스스로
잠재력을 찾아 계발할 수 있도록 대화와 격려를 아끼지 않는다.

어릴 때부터 부모에 의해서 수동적으로 선택을 해왔던
사람들에게는 갑자기 자기 스스로 해야 하는 것들이 매우 어려울
수 있다. 그렇다고 대학교 수강신청을 대리로 해주고, 남친과의
연애를 일일이 간섭하고, 이혼소송을 대신 진행해줄 수는 없는
것이다.

무엇인가를 바꾸려면 용기가 필요하다. 어른도 아이도 마찬가지다. 스스로 하게 해야 한다. 행동으로 나타내지 않는 생각이나 아이디어는 의미가 없다. 상황에 따라 최선이라 생각되는 것을 저질러 보게 하는 것이 필요하다. 물론 이 결정이 마음에 들지 않거나 나쁜 결과를 초래할 가능성이 있더라도 말이다.

부모의 아바타
VS 자기 인생의 주관자

아이는 부모의 아바타가 아니다

자신이 못 이룬 꿈을 아이에게 투영시켜 이루려 하는 부모들이 있다. 이런 사람들은 자신의 아이들을 마치 자신이 충분히 조종을 할 수 있는 아바타로 여기는 경향이 강하다. 헬리콥터맘들이 있다. 이런 엄마들은 끊임없이 아이들의 생활과 스케줄을 확인하고 관리하고 명령한다. 아이들의 매니저이자 미래를 설계하는 교육 컨설턴트를 자처한다.

이들에게 중심은 아이들이다. 집안 행사를 계획할 때도 아이들의 스케줄이 우선이다. 입학사정관제가 확대되면서 헬리콥터맘들은 더 바빠졌다. 일찍부터 아이의 입시를 준비하고 상급학교 진로에 도움을 줄 특별한 스펙을 쌓아주기 위해 동분서주하고 있다.

'네 할 일만 잘하면 된다. 다른 건 엄마가 다 알아서 할게!'

절대로 부모들이 하지 말아야 하는 대표적인 말이다. 그런데 우리나라 부모들은 정말 공부 빼고 자녀의 모든 것을 다 해준다. 집안의 어른들이 아이에게 좋지 않다고 만류를 해도 요즘 엄마들은 시간 뺏기지 말고 공부하라는 이유로 아이들이 충분히 할 수 있는 일을 대신해준다. 자가용으로 통학시키는 것이 대표적 사례다.

엄마들이 옆에서 늘 아이의 모든 것을 관리하기 때문에 아이들은 어려움이나 실패를 별로 겪지 않고 성장한다. 하지만 실패를 맛보지 않았기 때문에 작은 시련이나 역경을 만날 때 그것을 영영 극복하지 못할 수도 있다.

부모부터 아이에게서 독립하라

우리나라 부모와는 달리 유대인 부모는 어려서부터 아이에게 의사결정권을 준다. 하루의 일과를 계획하는 것에서부터, 집안일, 공부, 학교생활, 사회봉사 등 아이가 해야 하는 일에 대해 부모는 일절 간섭하지 않는다. 아이가 조언을 구하면 부모는 가이드라인 정도만 제시해준다. 결정도 실행도 아이 스스로 한다. 이렇게 유대인 부모는 어려서부터 아이에게 자신이 해야 할 일을 맡기고, 스스로 의사결정을 한 후 맡은 일을 수행하게 한다.

우리 아이들도 머지않아 성인이 된다. 언제까지 아이의 주변을

맴도는 헬리콥터 부모로, 아이의 일상을 일일이 간섭하면서
경제적인 지원을 해주는 캥거루 부모로 지낼 것인가?

부모부터 자신들의 아이에게서 독립할 필요가 있다.

조금은 여유를 갖고 아이들에게 천천히 자기가 할 수 있는
일부터 스스로 해보라고 맡겨보자. 실수나 실패를 하더라도 부모가
나서서 해결해주지 말고 스스로 문제를 해결할 수 있도록 조언을
해주고 용기를 북돋아주자. 그러면 아이들은 넘어졌다가도 어느새
다시 균형을 잡고 혼자서 일어날 것이다.

흔히 우리나라 부모는 아이가 조그만 어려움에 빠져도 쉽게
놀라며 빨리 그 상황에서 아이를 건져내려고 한다. 물론 자녀를
사랑하기 때문에 안타까운 마음에서 그렇게 하는 것이지만,
그런 식의 개입은 결코 아이 인생에 아무런 도움이 되지 않는다.

우리 아이가 세상 어느 곳에서도 당당하고 꿋꿋하게 설 수 있게
하려면 부모는 다소 답답하고 힘이 들더라도 아이가 스스로 문제를
해결해가는 과정을 묵묵히 지켜봐 줄 수 있어야 한다. 부모는
아이의 인생을 절대 대신 살아줄 수 없다.

사랑과 관심이라는 이름으로 아이의 인생을 빼앗고 있는 것은
아닌지 반성할 필요가 있다.

차가운 지성보다
따뜻한 인성이 먼저다

인성을 바르게 키우는 가정교육이 필요하다

대부분의 아이들과 마찬가지로 유대인 아이들도 이 세상에서
부모를 첫 번째 역할모델로 삼는다. 자녀교육을 중요시하는 유대인
부모는 자신들의 행동 하나하나를 아이들이 모두 지켜보고 있다는
것을 알고 있기 때문에 늘 행동을 신중하게 하려고 노력한다.

그들은 자녀들에게 책을 가까이하고 책을 읽는 습관을 길러주기
위해 늘 자기 전에 이야기책을 읽어준다. 좋은 책도 함께 고르고,
아이가 읽고 있는 책의 내용에 대해서도 면밀히 따져보면서 읽게
한다. 어른들을 공경하고 타인에게 따뜻한 마음을 갖도록
솔선수범한다. 이런 부모의 모습을 보며 자란 아이들은 차츰
부모의 가치관이나 삶의 태도는 물론 부모가 어떤 삶을 살고
있는지 마음으로 되새기고 그 모습을 따르게 된다. 부모는 살과

피만 물려주는 것이 아니라 삶의 가치와 습관까지도 물려주는
중요한 정신적 지주가 된다.

세상을 따뜻하게 만드는 선행을 실천하는 의무를 가르쳐라[38]

"눈먼 자의 눈이 되고 다리 저는 사람의 발이 되어라!"(욥 29:11-17)

가정교육 못지않게 유대인은 어릴 때부터 '쩨다카^{Tzedakah}'를
의무로 가르친다. 쩨다카는 '공의', '정의'를 뜻하는데 현대적으로는
'구제', '자선', '베풂'을 의미하기도 한다.

유대인의 전통에 따르면 모든 사람은 구제할 의무가 있고
또 필요한 사람은 부끄러움 없이 구제받을 권리가 있다. 유대인의
구제는 권장사항이 아니라 의무사항이다. 하지만 우리나라
부모들은 어떻게 말하고 있는가? 선한 사마리아인이 되었다가는
괜히 구설에 휘말리고 오히려 피해를 당할 수 있으니 모른 체
하라고 가르친다.

물론 노골적으로 이렇게 말할 부모들은 별로 없다. 하지만
내 아이가 다칠까 봐 하는 부모의 걱정 속에 숨겨진 교묘한
이기심과 마음의 장벽을 어느 순간 아이들은 그대로 받아들이게

....

38 박기현 저 『아버지라면 유대인처럼』

된다. 이런 부모 밑에서는 자식들이 편을 가르고, 차별을 만들고, 남을 외면하는 사람으로 자랄 수밖에 없다.

하지만 미래에서는 지성만 뛰어난 인재를 선호하지 않는다. 오히려 따뜻한 인성과 올바른 시민의식을 가진 인재에 환호한다. 큰 숫자를 빠르게 계산하는 것은 사실 AI(인공지능)가 인간보다 훨씬 더 잘한다.

인간의 선함이 지속 가능한 지구를 만든다

선량한 인간들이 펼치는 여러 활동과 정책 때문에 사회는 계속 진보했고, 세상은 멸망하지 않고 존재할 수 있는 것이다. 사람이라면 누구나 바람직한 삶을 살고 싶어 하고, 바람직한 사회를 원한다.

2030년이 되면 기업의 절반 이상이 사회적인 기업이 된다는 미래예측이 있다. 사회적 기업이란 사회공헌을 목적으로 비즈니스 모델, 즉 제품을 만들어 판매하는 회사로 수익금의 대부분을 사회에 환원하는 기업을 말한다.

미래 세대들은 물건을 살 때에도 의미를 부여하기 때문에 같은 값이면 좋은 일도 함께 하려 한다. 아동들을 착취하여 만드는 청바지나 축구공을 구매하지 않기도 하고 비윤리적인 행위를 한 임직원이 근무하는 회사의 제품 불매 운동을 펼치기도 한다. 착하지 않고는 못 배기는 사회가 도래할 것이다.

초연결 사회에 절실한 연대의식

4차 산업혁명 시대 인간의 소외감이 극대화될 수도 있다는
어두운 전망도 있지만, 오히려 이렇게 파편화되고 소외된 개인들을
위로하는 따뜻한 심장을 가진 진짜 인간들의 연대 활동도 많아질
것이라는 예측들도 있다.

사물-공간-사람이 연결되는 초연결 사회에 걸맞은 또 다른
소통 매체와 구호 단체가 탄생할 것이다. 하지만 그런 시스템이
아무리 갖춰진다 해도 이웃들의 손을 잡아줄 따뜻한 인성의
소유자들이 없다면 과연 무슨 소용이 있을까?

넷.

미래 인재를
탄생 시키는
위대한 부모

"너희 모든 일을 사랑으로 행하라!"[39]

아버지와 어머니 모두가 양육과 교육에 관심을 갖는 가정의 아이들이 그렇지 못한 가정의
아이들보다 학습태도나 인성이 더 좋다는 조사 결과가 있다. 가장 이상적인 것은 부모의
의사결정 과정에서 합의가 잘 이뤄져서 자녀들을 지원하는 것이다. 그리고 그 밑바탕에는
자녀에 대한 신뢰와 사랑이 있어야 한다. 가장 가깝고 영향력이 큰 역할 모델인 부모가
향기로운 말과 삶을 실천할 때 자녀들은 올바르게 자랄 수 있다.
하지만 철저하게 '가정'을 자녀교육의 요람으로 삼는 유대인들과 다르게 우리나라는 자녀
교육의 많은 부분을 사교육 기관에 아웃소싱하고 있다. 가정교육과 공교육인 학교교육이
제자리를 잡지 못하는 사이에 학원이 한국교육의 중심이 되고 만 것이다. 지금 우리에게 가장
먼저 회복해야 할 소중한 교육기관이 있다면 그것은 바로 가정일 것이다.

자녀 교육은 절대
아웃소싱하지 않는다[40]

전 세계적으로 유명한 글로벌 인재들 중에는 유독 유대인들이 많다. 유대인이 우수한 것은 본래 우수하게 태어나서가 아니라 그들 민족이 겪었던 고난과 박해가 그들을 더 우수하게 만들었다는 말들을 종종 한다.

오랜 세월 나라 없이 떠돌며 수없이 박해를 당하고 죽임을 당했음에도 그들은 지금까지 건재할 뿐만 아니라 전 세계에서 가장 우수한 민족으로 여겨지고 있다.

유대인이 이렇게 우수한 민족이 된 비결은 무엇일까? 모든 사람들이 이구동성으로 유대인 특유의 '교육'을 말한다. 유대인은 교육을 통해 어디서든 통하는 인간으로 만든다는 원칙을 갖고

---

40 박기현 저 『아버지라면 유대인처럼』

있다. 유대인들이 그 교육을 제대로 시키는 가장 근본적인
학교이자 자식들을 성숙한 인격체로 키우는 요람으로 여기는 것이
바로 '가정'이다.

세계 어디에 흩어져 살아도 안식일을 철저히 지키고 토라(성경)와
탈무드를 배운다
13세 성인식을 치르기 전까지 부모가 직접교육을 한다

유대인들은 결혼을 매우 신성시한다. 남녀가 만나 그냥 사랑만
해서 결혼하는 것이 아니라 신이 맺어준 귀한 인연으로 여긴다.
임신도, 태교도 대책 없이 하지 않는다. 자신의 아이가
메시아일지도 모른다는 신념을 가지고 자식들을 키운다. 자기의
만족을 구하기보다 민족과 사회에 기여하는 존재가 되길 바란다.
부모의 기준대로 키우기보다 아이의 개성을 찾아 그것을
발견하고 재능을 찾아 그것으로 하나님과 이웃에게 봉사하는
존재로 성장하기를 바란다. 선한 사마리아인이 자랄 수밖에 없는
환경이다. 유대인 가운데 세계적인 인물이 많이 나오고 세계를
변화시키는 영향력 있는 인재들이 계속 배출되는 것은 결코 우연이
아니다.

교육은 책이 아니라 사람을 통하라

유대인들은 책을 통하는 것보다 사람을 통한 인성교육을 중요하게 여긴다. 사람을 통한 교육에서 가장 으뜸으로 여기는 것이 가족을 통한 교육이다.

안식일이 되면 어김없이 모든 일을 멈추고 가정에 돌아가 가족과 같이 안식하는 모습은 유대인만이 가진 구별된 모습이다. 심지어 핸드폰, 전화, 컴퓨터, 자동차도 사용하지 않고 가족과 예배하고 음식을 먹으면서 대화도 하고 안식일을 지내는 것은 수천 년 동안 이어져 내려온 전통이다.

유대인 부모는 아이들이 어릴수록 함께 시간을 보낸다. 그래서 아이가 태어나면 일이나 취미생활보다는 가족이 최우선 순위가 된다. 아이들 때문에 나를 포기하는 것이 아니라 이런 과정을 통해 좋은 부모가 되어간다고 믿는다. 그들은 가족 간의 모임이나 친척의 경조사, 명절 등에도 반드시 아이들과 함께 참석한다. 온 가족이 모이는 식사시간에도 너무 어리지 않은 아이라면 반드시 한 식탁에서 식사하며 대화를 나누는 시간을 갖게 한다.

공부는 평생 해야 하는 것이므로 어려서부터 공부가 즐겁고 재미있는 것임을 알게 한다. 아이들이 자기 전에 부모는 반드시 아이에게 이야기를 들려주거나 책을 읽어주고 대화를 나눈다.

'외주하청'의 교육으로는 부모와 교감하지 못한다

한국은 태어나는 순간부터 자녀를 남의 손에 맡기는 경향이
있다. 교육의 기초는 가정인데 우리나라는 이 부분이 너무 많이
무너지고 말았다. 부모의 맞벌이로 인해 가정에서 부모가
사라졌다. 조부모에게 아이를 맡기거나 남의 손을 빌려 아이를
키운다. 돈을 벌어서 자녀를 학원에도 보내고, 아이들이 원하는
대로 물건들을 사주고 있지만 진짜 교육은 하지 못하고, 정말
원하는 사랑은 충분히 주지 못하고 있다.

부모와 충분한 애착관계를 맺지 못한 자녀들은 부모에게서 진짜
사랑을 받으며 자라난 자녀들과 비교해서 부모에게 부정적인
감정을 품을 수 있는 가능성이 매우 높다.

우리나라 부모들이 가장 먼저 해야 할 일은 아이와 관계성을
먼저 회복하는 것이다. 아이와 함께 노는 것, 아이를 안아주는 것,
아이의 요구에 반응하는 것, 아이에게 눈을 맞추는 것, 아이와
대화하는 것, 아이의 마음을 읽어주는 것. 이런 모든 것들이 자녀의
자존감을 높여주고, 재능을 발견하게 해주고, 부모의 권위와
사회의 규칙에 순종하게 만들어주는 열쇠다. 지금 우리 사회에서
벌어지는 많은 사회 문제는 가정에서 제대로 자녀들을 키우지 못해
생겨난 부작용들이다.

부모의 향기로운 말과 삶이
최상의 교재
························

"훌륭한 본보기는 최고의 설교이다"

'옐라딤, 제 씸하트 하임!'

히브리어로 '아이들은 삶의 기쁨'이란 뜻이다. 일상에서 이 말을
수시로 외치는 유대인 부모는 이렇게 소중한 아이가 행복한 인생을
살아갈 수 있도록 할 수 있는 모든 노력을 아끼지 않는다.

"어떻게 살아야 옳고 훌륭한 삶인가 말하는 것도 물론
중요하지만 그것을 실천하는 것이 중요하다."

탈무드에 나오는 말이다.
우리나라의 학교 선생님들은 자기 담당 과목 하나만 잘 가르치면

된다. 아이들의 생활태도까지 관여할 권한이 없다. 학과 성적이 좋지 못하면 아예 무시하고 공부 못하는 아이로 낙인을 찍는다. 오직 대학을 잘 보내는 교사가 유능한 교사다. 존경할 만한 교사를 만나는 것이 점점 어려워지고 있는 것이 오늘날 우리의 현실이다.

바람직하고 본받을 만한 삶의 모습을 보여주는 유대인 사회의 랍비와 같은 교사가 우리나라의 학교에는 거의 없다.

모두가 자기 영역에서 일등이 되는 특성화 교육을 강조하는 유대인과는 다르게 우리나라는 거의 대부분 획일적인 교과서로 규격화된 수업을 하고, 점수와 석차에 의해 기계적으로 아이들을 재단하는 교육을 하고 있다. 게다가 인성이나 영성 교육은 뒷전으로 두고 학과 공부만을 최우선적으로 생각한다.

하지만 진정한 교육은 인간 교육이다. 그리고 그 교육을 가장 잘할 수 있는 곳은 가정이고, 최고의 교사는 부모님이다. 공부를 해서 세상에 빛과 소금과 같은 사람이 되기를 바라는 유대인 부모들의 자녀들과 공부는 어차피 재미없는 것이지만 좋은 대학에 가야 하니까 힘들어도 참아야 한다고 생각하는 한국 부모들의 자녀들 중 과연 누가 더 세상에 필요한 향기로운 사람이 될지는 자명해 보인다.

공부를 잘해서 행복한 것이 아니라 행복해서 공부를 잘할 수 있다

인간 뇌의 여러 영역 중에서 정서와 관련한 부분을 관장하는 곳은 대뇌변연계이다. 그런데 대뇌변연계는 기억을 담당하는 해마, 이성과 논리, 동기유발을 담당하는 전두엽과 인접해 있다. 이런 뇌의 영역들은 독립적으로 작동하는 것이 아니고 서로 간에 정보를 교류하면서 상호 영향을 주고받는다. 즉, 긍정적 정서를 유발하면 이것을 컨트롤하는 대뇌변연계는 인접한 해마나 전두엽에 긍정적 에너지를 전달하면서 활성화시킨다. 사고가 활발해지고 성적은 올라가게 된다.

자녀에게 부정적 정서를 유발하면 아이의 사고 능력이 위축된다. 즉, 강제로 공부를 시키면 뇌는 활성화되지 않는다. 뇌에서는 스트레스 호르몬인 코티솔이 다량 분비되고 집중력과 기억력은 저하된다. 점점 공부는 싫어지고, 부모는 다시 자녀에게 공부를 강요하는 악순환이 되풀이된다.

늘 아이들에게 올바른 행동과 삶의 모습을 보여주고 아름답고 즐거운 말을 들려주는 것이 아이를 천재로 만드는 비법인지도 모른다. 아이가 학교에 갈 때 기분을 좋게 하는 말 한마디 던져주는 것, 아이가 스스로 공부할 수 있도록 믿어주는 것, 아이의 공부로 인한 스트레스를 줄여주는 것. 어떤 특별한 공부 비법보다도 아이의 성적을 올릴 수 있는 쉬운 방법일 수 있다.

어머니의 치맛바람보다 더 중요한 아버지의 관심

아버지가 자녀들의 교육에 관심을 많이 쏟는 가정의 자녀들이 그렇지 않은 가정의 자녀들보다 학업 성취도가 더 높다는 실험결과가 있다. 우리나라 아이들은 아버지보다 어머니와의 관계가 더 친밀한 경우가 많다. 권위주의적이고 지시하는 말투를 쓰는 아버지가 많기 때문이 아닐까? 아버지가 스스로 권위를 내세우지 않고 합리적인 태도로 아이들을 대하고 대화로 감화시키면 자녀들은 아버지의 권위에 먼저 승복하게 된다.

책과 친하게 지내는 아이로 기르기 위해서는 부모가 먼저 모범을 보여주면 된다. 부모가 먼저 텔레비전을 끄고 책을 읽는 모습을 보여주어야 한다. 자녀가 어리다면 아이가 잠들기 전에 부모가 직접 책을 읽어주는 것도 중요하다. 아이가 잠들기 전에 아버지의 목소리로 들려주는 이야기는 자녀의 인생을 살찌우는 자양분이 된다.

부모와 자녀가 살아가는 세상은
확연하게 다르다

우리나라 부모들이 많이 하는 말 가운데 자녀들이 가장 싫어하는 것은 "나 때는 공부를 이렇게 했다."라는 말이다. 부모들이 자신의 경험을 토대로 공부 환경과 공부 방식을 아이들에게 강요하고, 왜 부모를 따르지 않느냐고 야단을 칠 때 아이들은 숨 막혀 한다.

특히 부모가 학업 능력이 뛰어나 좋은 성과를 얻었던 것에 반해 자녀의 능력이 그만큼 만족스럽지 못할 때 갈등은 더욱 증폭된다.

하지만 부모와 자식은 같은 사람이 아니다. 사는 시대도 다르고, 학습 환경도 같지 않다. 교육과정도 다르고, 학교도 다르고, 교재들도 어느 것 하나도 같은 것이 없다. 그런데 부모 세대의 상황을 현재의 자녀들에게 빗대어 설명하면 자녀들은 전혀 공감하지 못한다.

동의할 수 없는 말을 하는 부모들과 따를 수 없는 자녀와의 사이에 감정의 골만 깊어질 뿐이다. 지금의 자녀들의 상황을 충분히 이해하고 공감하는 표현을 선택해서 해야 한다.

과거 부모 세대에 비해 요즘 우리 아이들은 어려서부터 경쟁사회에 내몰린다. 게다가 지금의 교육 현실에서 좋은 성적을 받기 위해서는 단순히 '공부'만 잘해서 되는 것도 아니다. 시험에서 성적을 잘 받아야 할 뿐 아니라 다른 노력도 필요하다. 수행평가, 독서활동, 동아리 활동, 봉사활동 등 해야 할 것이 너무 많다. 소위 말하는 '팔방미인'이 돼야 한다.

부모가 되고 싶은가? 학부모가 되고 싶은가?

아이들에게 은연중에 좋은 대학에 가면 인생이 편해진다는 말을 쉽게 하지 않았나 반성해 볼 필요가 있다. 요즘 시대에는 어림도 없는 소리이다. 소위 SKY 대학을 나와도 취업난 덕분에 직장을 얻기 위해 발을 동동 굴려야 하는 세상이다.

안정적이니까 공무원이나 공기업 직원이 되라는 소리를 한 적은 없었는가? 자신의 뜻을 잘 따르지 않는 자녀들에게 실망하면서 삶에 대한 의욕과 자기 꿈에 대한 목표의식이 없다고 꾸짖지는 않았는가? 한번 되돌아보기를 바란다.

자녀를 미숙하고 부족한 존재라 여기며 자꾸 개입하려는 보호자가 되지 말고 멘토나 성장의 파트너가 돼야 한다. 자녀를 가능성 있고 잠재력이 있는 존재라고 여겨야 한다.

꾸중보다는 칭찬을 통해 자녀에게 자신감을 심어주고 스스로 문제해결능력을 키우게 조언해야 한다. 자녀가 가진 달란트가 어떻게 하면 제일 빛날 수 있을지를 고민하며 적절하게 코칭을 할 줄 알아야 한다.

또한, 커다란 원칙과 가이드라인 안에서 때로는 방임할 줄도 알아야 한다. 그 틀을 벗어나거나 위험한 일에 직면했을 때에만 부모가 자연스럽게 도와주는 것이 가장 이상적이다. 이제부터는 조언도 아이가 요청해올 때까지 기다리자. 요청해오지 않으면 절대 조언해서는 안 된다. 그리고 요청하는 문제에 대해서만 조언하자. 또 조언은 조언에서 끝내야 한다. 아이가 스스로 답을 찾아 결정에 이르도록 돕는 게 낫다. 아이를 어른으로 대접하는 게 중요하다. 당장 오늘부터 의식적인 노력을 기울여야 한다. 그러지 않으면 의미 있는 변화를 이끌어낼 수 없다.

'무엇이 되고 싶은가?'보다 '어떻게 살고 싶은가?'를 물어보라!

아이들이 진로, 특히 부모가 원하는 직업을 가지도록 끝없이 강요를 하고 있는 것은 아닌지 반성하기를 바란다. 아이들이 너무 어릴 때 아이의 미래 직업을 미리 정하는 것은 다소 위험하고 성급한 일일 수 있다. 다가오는 미래는 현재의 잣대로 예측이 불가능한 상황이기 때문이다. 지금 우리가 알고 있는 대부분의 직업은 조만간 사라질지도 모른다.

아이들이 자신의 미래직업을 정하는 것보다 중요한 것은

아이들이 미래의 여러 가지 직업에 대해서 하나씩 알아가는 과정이다. 현재의 직업들이 아이들의 미래에는 없어질 수도 있음을 생각하면서 '어떻게' 살아갈지에 대해 함께 차근차근 대화를 나눠볼 필요가 있다.

'어떻게'를 고민하다 보면 '무엇'에 대한 답을 찾는 경우가 많다. 예를 들어 '나는 사회에 공헌하는 일을 하며 살고 싶다.'라는 '어떻게'가 결정이 되면 '무엇'에 대한 여러 가지 직업군이 자연스럽게 따라오는 식이다. 사회에 공헌하는 일은 무궁무진하다. 자신이 그린 큰 그림과 일치하는 '나만의 재능'은 누구나 갖고 있으므로.

사회에 공헌하는 일에는 어려운 이웃을 돕는 사회복지사, 재능기부로 남을 돕는 문화예술 분야 종사자, 낙도주민을 위해 무료 의료봉사를 하는 의사 등등 여러 가지 직업이 있다.

학벌 브랜드가 통하지 않는 미래

지금은 어느 대학을 나와도 취업이 보장되지 않는 시대다. 과거와 달리 출신 대학 브랜드의 직장 결정력이 크게 낮아졌다. 여전히 대학 브랜드에 연연하는 것은 출신대학의 직장 결정력이 높았던 시절에 대학을 다닌 부모들의 영향이 크다. 하지만 이제는 이런 부모들의 착각 때문에 학벌이 통하지 않는 미래 사회를 제대로 예견하지 못한다면 한시바삐 수정할 필요가 있다.

세상을 이끌어가는 힘은 어제의 학벌이 아니라 오늘의 실력이다. 게다가 우리나라 학벌은 글로벌 시장에서는 별로 통하지도 않는다. 하버드 대학의 강의도 온라인에서 무료로 들을 수 있는 시대에 학벌을 고집하는 것은 시대착오적이다.

대학 전공을 선택할 때 본인의 적성, 기질, 기호를 고려해야 한다. 자신을 컨트롤할 힘이 없으면 대학에 들어가서도 헤맨다. 엄마와 학원 선생님이 시키는 대로만 살다가 대학에 들어간 아이가 주체적으로 할 수 있는 일들이 얼마나 될까?

지금 대부분의 한국 부모들은 아주 정성스럽게 자신의 아이들을 미래세계에 전혀 쓸모없는 '바보'로 키우고 있는 것은 아닌지 심각하게 고민해야 한다.

What을 가르치지 않고
How를 구하게 한다[41]

정답보다 정답에 이르는 과정이 더 중요하다

모든 아이들은 예술가다.

문제는 어떻게 하면 그 아이가 어른이 되어서까지 예술성을
간직할 수 있느냐 하는 것이다.

파블로 피카소의 말이다. "모든 인간은 각자 창의성을 갖고
태어나지만 이를 계발하는 것은 교육 등 후천적 노력이
필요하다."고 주장한 창의성 연구의 세계적 석학이자 미시간주립대
교수인 루트번스타인의 말과 일맥상통한다.

....

41 조선일보, ["한국 학교에서 창의성 키우기 힘든 건 How 대신 What을 주입하기 때문"],
(2017. 1. 3)

그는 한국의 학교에서 창의성을 키우기 힘든 이유는 'How(어떻게)' 대신 'What(무엇)'을 주입하기 때문이라고 말했다.

'What(무엇)'은 매우 목적지향적이다. 기존에 알려진 정답만을 달달 외우게 하는 주입식 교육이 전형적인 'What형 교육'이다. 이 교육의 장점은 시간이 많이 절약되고 익숙한 패턴으로 이뤄져 있어 손쉽게 할 수 있다는 것이다.

반면 'How(어떻게)'는 과정지향적이다. 관찰하고 상상하고 분석하고 통합하고 마침내 창조하는 다양한 단계를 가진 'How형 교육'은 시간은 좀 걸리지만 창의성을 키우는 데 최고다.

공부만큼 취미 활동도 중요하다

미술, 문학, 악기연주, 스포츠 등 교과목 외 또는 학교 밖의 다양한 활동이 창의성 발현에 매우 중요한 역할을 한다. 하지만 우리나라 학교 현장에서는 제대로 이뤄지지 않고 있다. 그보다는 공통 교과과정이나 표준화된 시험으로 아이들을 가르치고 서열화하고 있다. 이런 것들이 창의성 계발에 가장 큰 장애물이라는 것을 아직도 잘 모르는 듯해 답답하다.

루트번스타인 교수는 학교 성적과 창의성은 전혀 관계가 없다고 주장한다. 과거의 죽은 지식을 달달 외운 학생들을 더 높이 평가하는 환경에서는 스티브 잡스나 마크 저커버그 같은 인재가 나올 수가 없다.

대부분 창의적인 인재는 학교 성적보다 자신만의 관심사, 자신만의 연구에 깊이 몰두해 새로운 지식을 구하는 성향을 갖고 있다. 예를 들면 아인슈타인은 바이올린을 전문연주자만큼 켰고, 다빈치는 뛰어난 의사, 조각가, 화가로 이름을 날리기도 했다.

노벨상 수상자들 대다수는 학문 외에도 미술, 문학, 역사 등을 폭넓게 탐독하고 악기연주와 스포츠 등을 즐겼다고 한다. 학교에서 익힌 지식과 취미를 통해 얻은 능력, 사회적인 경험 등이 연결되고 통섭되면서 그들의 능력은 극대화된 것이다.

루트번스타인 교수는 '호기심–도전–실패–학습'의 과정을 가지는 취미 계발을 창의성을 여는 중요한 열쇠로 보았다. 유아기 등 이른 시기에 창의성을 계발하는 것이 중요하지만 나이가 든 후에도 얼마든지 창의성은 확장 가능하다고 주장했다.

학교를 졸업해도, 직장을 다녀도, 노인이 되어도 손에서 책을 떼지 말아야 하고, 아름다운 예술작품을 접해야 하고, 활발하게 스포츠를 즐길 필요가 있다.

정보의 양이 폭발적으로 늘어나고 그 변화 주기가 엄청나게 빨라지는 미래에는 오히려 폭넓은 지식의 통섭이 요구된다. 다양한 분야를 접목하여 새로운 것을 창조해내는 인재가 환영받게 된다.

창의적인 사람들은 실수도 즐긴다

창의적인 사람들은 실수를 하여 실패를 하더라도 별로

두려워하지 않는다. 상처는 생길 수 있지만 깊은 내상은 입지 않는다. 그들은 절망하거나 포기하는 대신 '실패에서 무엇을 배울 수 있을까?'를 먼저 생각했다.

포기를 모르는 기질, 지속적인 끈기, 강인한 인내, 실패를 두려워 않는 용기가 바로 창의성의 근원이다. 아마 에디슨이 한 번 실패했다고 포기했다면 전구는 절대 발명되지 않았을 것이다.

남들이 가지 않는 길을 기꺼이 가려 한 창의적인 사람들은 실수를 당연하게 여겼다. 아무도 가지 않은 길이었기에 넘어질 수도, 무릎을 다칠 수도 있다는 것을 즐겁게 예감했기 때문이다. 창의적인 사람들은 실수조차 즐겼다. 자신이 정말 좋아하는 일을 할 때 일어난 실수는 제2의, 제3의 도전을 가능하게 만들어주는 귀한 자산이고 기회이기 때문이었다.

대답이 아니라
질문을 칭찬한다

....

질문은 가장 적극적이고 능동적인 배움의 형태다

"교사는 혼자 지껄여서는 안 된다.

만일 학생들이 말없이 듣고만 있으면 많은 앵무새를 길러 내게

되기 때문이다.

교사가 말을 하면 학생들은 그것에 대해 질문을 던져야 한다.

교사와 학생이 주고받는 대화가 활발하면 활발할수록 교육의

효과는 높아진다."

『탈무드』에 나오는 질문에 관한 가르침이다.

유대인 부모들이 학교나 유치원에 가는 아이들에게 "선생님께

질문을 많이 해라"는 말을 가장 많이 한다. 그리고 아이가 돌아오면

"오늘은 무슨 질문을 했니?"부터 묻는다. 우리나라 부모였다면

유치원에 갈 때 "선생님 말씀 잘 들어라"라고 말했을 것이다.

두 부모에게는 엄청난 차이가 있다. 듣기만 하면서 질문 없이 배우는 것은 일방적이고 수동적이다. 하지만 질문을 한다는 것은 수업에 적극적으로 참여하고 능동적으로 학습한다는 것을 의미한다. 탈무드에는 이런 말도 나온다.

"더 좋은 질문은 더 좋은 대답을 얻는다."

실제로 아이들은 선생님에게 배우는 내용을 일방적으로 받아들일 때보다 자기 생각을 가지고 질문을 할 때 학습효과가 더 좋다.

아이의 말수가 적으면 유대인 부모는 사회성이 부족하거나 성격이 너무 내성적이거나 뭔가 문제가 있다고 생각한다. 그래서 유대인에게 말없이 조용한 아이는 특별관심대상이다.

이스라엘 특유의 도전정신을 일컫는 후츠파chutzpah의 7가지 요소에도 '질문의 권리'라는 것이 있다. 후츠파는 히브리어로 '뻔뻔함', '담대함', '저돌성', '무례함' 등을 뜻하는 말이다. 후츠파 정신은 어려서부터 형식과 권위에 얽매이지 않고, 끊임없이 질문하고 도전하며, 때로는 뻔뻔하면서도 자신의 주장을 당당히 밝히는 이스라엘인 특유의 도전정신을 뜻한다.

유대인들은 나이나 직위에 상관없이 모두가 평등하다는 뿌리 깊은 믿음을 갖고 있다. 따라서 그들은 수평적인 관계 속에서 상호 묻고 답하며 논쟁하는 것이 습관화되어 있다. 다른 사람의 의견에

대해 의문이 생기거나 이해가 안 되면 누구에게나 주저하지 않고
질문하고 따지는 것이 몸에 배어 있다.

정해진 고정관념에 자신을 가두지 않고 계속 질문을 던지는 데서
새로운 창조가 태어난다. 이스라엘 대학에선 교수든 학생이든 서로
의견이 다를 때는 몇 시간이고 끝장 토론을 벌인다. 지위 고하를
막론하고 자유롭게 의견을 묻고 대답한다. 이런 후츠파
정신이야말로 유대민족의 창조성을 키우는 원동력이다. 이 정신이
에디슨과 아인슈타인은 물론 오늘날 IT와 벤처 업계를 주도하는
유대인 경영자들을 길러냈다.

말없이 순종하는 것이 미덕이 아니다
질문을 통해 생각의 지경을 넓힌다

과학적으로도 말하면서 공부하는 것이 매우 효과적이라는
연구결과가 있다. 말하면서 공부하는 것은 시각을 담당하는
후두엽, 언어를 담당하는 측두엽, 논리적 사고를 관장하는
전두엽뿐 아니라 운동을 관장하는 소뇌까지 총체적으로 움직이게
만들기 때문이다.

유대인은 세계 인구의 0.2%에 불과하지만 세계 경제와 학문을
주도적으로 이끌어가는 것은 그들의 전통적 학습 방식인 '하브루타'
때문이라고 말하는 사람들도 있다. 서로 짝을 지어 질문하고
대화하고 토론, 논쟁하는 유대인의 '하브루타'는 최고의

학습법이다.

　이렇게 공부한 그들은 언제 어디서 누구와도 상관없이 자유롭게
대화하고 토론할 수 있는 능력을 지니게 된다.

자녀와의 대화와 토론이
가장 큰 기쁨이다

·······························

유대인 교육의 키워드는 '평등'과 '토론'

유대인들이 하브루타만큼 중요하게 생각하는 것이 바로
밥상머리·침대머리·책상머리 교육이다. 서로에게 좋은 선생님이
되는 하브루타가 이 교육들의 기본이 된다. 이 밥상머리·
침대머리·책상머리·키부츠 공부들을 통해 사람과 지식을 융합하고
있다.

유대인들은 온 가족이 식탁에 둘러앉아 서로를 칭찬하고
토론하는 문화가 있다. 유대인들은 안식일 저녁 밥상머리에
온 가족이 모여 시작한다. 멀리 사는 형제들까지 온다.
할아버지부터 아이까지 온 가족이 모여 대화를 한다.

유대인들에게 밥상은 갈등을 해결하는 타협의 장소이다
그리고 예배를 드리는 성스런 제단이자 세대를 통합하는 학교다

유대인 아이는 식사 중에 새 단어를 가장 많이 배운다고 한다.
어떻게 유대인의 범죄율, 자살률, 흡연율 그리고 이혼율이 세계
최저 수준이 될 수 있는지를 잘 알게 해주는 대목이 바로 이
밥상머리 교육이다.

우리나라는 어떨까? 밥상에서 훈계를 하는 것이 사랑은 아니다.
아이들을 혼내는 경직된 시간이 아이들을 성장시키지 않는다.
심지어 어떤 부모들은 밥상에서 말하면 안 된다는 금기를 지키라고
한다. 부모와도 마음 속 깊은 이야기를 터놓지 못하는 아이들에게
좋은 인성을 기대하는 것은 무리다. 일방적인 대화를 하지 말고
토론을 해야 아이들의 몸과 마음은 무럭무럭 자랄 수 있다.

"이스라엘아, 들으라"

유대인들은 자녀들이 잠들기 전 쉐마[42] 기도를 하거나 책을
읽어준다. 잠자러 들어가는 아이의 등 뒤에 대고 꾸지람하는 것은

....

42 '이스라엘아, 들으라'로 시작되는 신명기 6장 4절 말씀은 모세가 선포하고자 하는 모든
율법의 근원이자 신앙의 대상이신 여호와 하나님의 유일성에 대한 신앙고백이다.
히브리인들은 이 신앙고백을 자신들이 가진 신앙의 본질로 삼아 매일 아침과 저녁으로
쉐마를 암송하는 것을 가르쳤다.

옳지 않다. 자녀가 분노하거나 슬픈 일이 있다면 화를 쌓아두게 하지 말고 잠들기 전에는 반드시 털어낼 수 있도록 해주는 것이 좋다.

아무리 바쁜 맞벌이 부모라도 침대머리 교육만 잘 활용해도 좋은 효과를 거둘 수 있다. 좋은 이야기나 책을 읽어주면서 자연스럽게 부모와 친화하는 시간을 만드는 침대머리 교육은 자녀의 인지능력과 감성을 발달시킨다.

독일의 대문호인 괴테의 어머니는 매일 잠자리에서 어린 괴테에게 책을 읽어주었다. 그런데 이야기가 한참 재미있어질 때쯤 책 읽기를 멈추고 그다음 이야기는 어떻게 될지를 물어보았다. 어린 괴테는 상상력을 동원해서 스스로 이야기를 만들고, 그것을 어머니에게 이야기해 주었다고 한다.

소리를 듣고 이해하는 데는 듣는 힘과 주의력이 매우 중요하다. 낮은 소리로 책을 읽어주거나 이야기를 해주는 침대머리 교육은 상상력을 기르고 주의집중력을 향상시키는 효과가 있다. 잠자기 전에 짧은 시간만 잘 활용하더라도 아이의 부족한 정서를 보충하고 필요한 교훈을 충분히 전달할 수 있다.

유대인의 교육은 예시바에서 시작한다

책과 책상을 늘 가까이할 수 있도록 유대인에게는 전통 교육기관(도서관)인 '예시바'가 있다. '예시바'는 앉는다는 의미다.

예시바는 유대인 사회가 있는 곳이면 어디든 있다. 예시바는 생각을 키우는 보물창고다. 책상 앞에 책이 있다. 일방적인 구조가 아니라 짝을 찌어 토론을 하는 모양새가 밖에서 시끄럽게 수다를 떠는 모양새와 비슷하다.

우리나라 도서관이 조용한 것과는 매우 다르다. 조용히 암기를 하는 우리나라 도서관에 비해 아주 시끄러운 시장바닥 같은 예시바에서 창의성이 더 많이 싹튼다면 우리나라도 이런 시스템을 도입할 필요가 있지 않을까?

함부로 아이의 꿈을
훔치지 마라
·····················

"싫으면 하지 마라. 하려면 최선을 다해라!"

유대인은 자녀에게 커서 무엇이 되라는 말을 하지 않는다.
장래에 대한 선택은 아이들 자신의 것이고, 부모 욕심이 통하지
않는 영역이라고 생각하기 때문이다.

공부 외의 취미 활동에 대해서도 강요하지 않는다. 우리나라
엄마들이 자녀가 어느 정도 나이가 되면 천편일률적으로 피아노
학원에 보내고, 미술 학원에 보내는 것과 완전 딴판이다. 피아노건
바이올린이건 아이가 배우고 싶다면 시키고, 하기 싫다면 그만두게
한다. 유대인은 아이에게 최고를 원하지 않는 대신 최선을
다하라고 가르친다.

내 맘대로 조종할 수 있어야 나의 인생!

자녀의 적성을 이해해야 한다고 하지만 실제로는 어떤가? 많은 부모들이 '직업 안정성'을 더 우선시해 진로와 직업을 선택하게 하고 있다.

부모 뜻이 아닌 아이 스스로 미래의 꿈을 결정하게 해야 한다는 것을 잘 알고 있지만 우리나라 부모들은 자녀들을 자신들의 아바타로 곧잘 만들곤 한다.

어린아이들은 부모의 뜻에 따라 자신의 꿈을 갖고 미래를 그린다. 비록 그 꿈이 자신이 생각해서 갖게 된 것이 아닐지라도 어려서는 그냥 그대로 받아들이는 경우가 많다.

자신의 꿈과 우연히 맞으면 별 무리 없이 그 꿈을 품고 꾸준히 나아가지만 만약 맞지 않으면 많은 젊은이들이 부모가 강요해서 갖게 됐던 꿈과 희망, 미래의 모습과 자신 자신의 꿈 사이에서 괴리감을 느끼고 괴로워하기도 한다.

자녀들이 자신이 스스로 결정하지 못한 진로에 대해 허무함을 갖게 되면 자기에게 이런 꿈을 종용하거나 유도한 부모에 대해 반감을 가질 수 있다. 그리고 무력감에 빠져서 아무것도 안 하려고 할 수 있다.

아이에게 자신의 꿈을 실현하기 위한 공부를 강요하기보다는 자신의 꿈을 찾는 시간을 먼저 줄 필요가 있다. 아이에게 꿈을 심어주어야 하지만, 차후에 이 꿈이 별것 아니라는 생각을 갖더라도 반감을 갖지 않게 하는 것이 중요하다. 그러기 위해서는 아이가 스스로 자기의 꿈을 결정할 수 있도록 많은 것을 보여주고 많이 고민하게 해주는 과정이 꼭 필요하다.

자신의 꿈을 반신반의하는 것은 지극히 정상적인 과정이다

자기 자신은 아직도 꿈에 대해 아무것도 모르겠다고 하면서 괴로워하는 청소년들이나 대학생들이 많다. 나는 그들에게 너무 괴로워하지 말라는 충고를 하고 싶다. 솔직히 이건 당연하다. '너무 늦은 것은 아닌가?'라고 생각할 수도 있지만 정작 특정 회사 입사를 목표로 취업준비를 하거나 이미 취업을 한 성인들 역시 자신의 진로나 적성에 대해 명쾌하게 긍정하지 않는 사람들은 많다.

부모들이 자녀들에게 일찌감치 꿈을 정해 매진하라는 이야기를 하는 것도 옳지 못하다고 생각한다. 사실 너무 비현실적인 이야기다. 나이 마흔이 넘어서도 자신이 진짜로 원하는 꿈을 위해 직장을 박차고 나가는 사람들도 많이 보았다. 그런 의미에서 자신의 꿈에 대한 탐색과 고민이 가장 중요하고 가장 먼저 해야 한다는 사실을 강조하고 싶다. 자신의 꿈을 이루기 위해 너무 먼 거리를 우회하는 것은 너무나 아깝기 때문이다. 꿈을 실현하기 위한 공부는 그 다음이다.

스스로 자신의 미래를 그리는 능력이 생긴다면 그것을 이루기 위한 공부는 훨씬 쉽게 할 수 있다. 아무런 꿈도 없고 미래를 생각조차 하지 않는 아이들에게 억지공부는 시켜봐야 소용없다.

꿈에 대한 비전(큰 그림)을 그리자!

구체적으로 직업군까지 다 결정하라는 것은 아니다. 사실
아이들은 직업에 대한 정보는 물론 자신이 무슨 능력과 잠재력이
있는지 제대로 모른다. '외국에서 일하고 싶다.', '창의적인 글을
쓰고 싶다.', '컴퓨터 관련 일을 하고 싶다.' 정도의 목표만 있어도
된다. 외국어를 공부하고, 국어와 문학을 공부하고, 수학과 과학을
열심히 할 이유가 생기게 된다. 나이 서른이나 마흔의 자기
미래모습을 그려보는 것도 좋다. 이런 상상은 공부에 지치고
힘들었을 때 다시 공부할 수 있게 하는 에너지의 원동력이 된다.

아직 진로를 찾지 못했다면 지금부터라도 주어진 진로탐색
과정에 최선을 다해 참여하라고 하고 싶다. 부모들은 많은 큰
그림big picture을 보여주고 선택지를 다양하게 해주면 된다.

나의 꿈을 아이의 꿈처럼 착각하게 만들거나 추구하게
만들어서는 안 된다. 아이의 꿈을 훔치는 것은 자녀의 인생을
훔치는 것과 마찬가지다. 어떤 부모도 자식의 인생을 훔칠 권리는
없다.

자녀의 독립심과
자존감을 칭찬한다

··

혼자 하는 경험은 큰마음의 재산을 남긴다

"스스로 할 수 있는 일은 하나님께 기도하지 말라."

탈무드에 나오는 말이다. 유대인은 무조건 하나님께 소원을
이루어 달라고 기도하지 않는다. 그만큼 유대인은 자립심을
중요하게 여긴다. 모든 일에서 자립심과 책임감을 가지고 자기
인생을 주도하는 사람을 최고로 여기고, 자녀들도 그렇게 기른다.
　탈무드에 "아이에게 물고기를 잡아주면 한 끼를 배부르게 먹지만
아이에게 물고기 잡는 법을 가르쳐주면 평생을 배부르게 먹을 수
있다."라는 글귀가 나온다.
　유대인 부모는 학교나 유치원에서 가는 1박 2일 여행에
적극적으로 아이를 참여하게 한다든가, 캠프를 보낸다든가 또는

혼자서 지인이나 친척의 집을 방문하게도 한다. 멀리 보내는
심부름이나 혼자 가는 여행길을 흔쾌히 허락하는 부모들도 있다.

자녀들이 새로운 모험이나 도전을 하는 것을 뿌듯하게 바라보는
유대인들과는 달리 우리나라 부모들은 걱정이 많다. 어린 자녀가
혼자서 뭔가를 하는 것을 안절부절못하며 그냥 바라보지를 못한다.

12~13세에 성인으로 인정받는 유대인 아이들

유대인 아이들은 남자는 열세 살, 여자는 열두 살이 되면
성인식을 치른다. 유대인들이 다른 민족에 비해 이른 시기에
성인식을 치르는 것은 어려서부터 독립심을 길러주기 위해서이다.
유대인은 이때부터 정식으로 아이를 독립적 인격체로 대하고
유대의 율법과 전통에 대한 책임을 지게 한다. 부모에게 칭얼대는
아이들을 보는 것이 쉽지 않다.

성인식 날 아이는 성인식에 초대받은 친척들과 손님들로부터
축하의 메시지와 함께 많은 선물을 받는다. 성인식에 빠지지 않는
선물이 손목시계이다. 시간을 잘 관리하라는 의미다.

유대인들은 아이들이 어렸을 때부터 시간에 대한 중요성을
강조하고 자녀에게 시간을 아껴 쓰도록 가르친다. 하루 시간표를
짜서 그대로 따르는 것을 일찌감치 훈련시킨다.

아이들이 스스로 자신의 일을 할 수 있는 나이가 되면 작은
일부터 주어진 시간 내에 혼자 힘으로 하는 것을 몸에 익히게 한다.

시간을 어떻게 배분하고 활용해야 할지에 대해서도 자세하게
가르친다. 유대인 아이들은 이렇게 자신이 해야 할 일을 정해진
시간 내에 해내는 습관을 어려서부터 자연스럽게 몸으로 체득하며
성장한다.

우리나라에서는 열여덟 살 청소년들, 스무 살 대학생들
사이에서도 이런 자립감을 가진 이를 찾아보는 것은 쉽지 않다.
시간 개념이나 약속에 대한 의미도 유대인보다 훨씬 약하다.

"넌 다른 건 신경 쓰지 말고 공부만 잘하면 돼!"

자신의 아이가 최고Best가 되는 것보다 각자의 재능을 살린
창의적인 학생Unique이 되기를 바라는 유대인과 달리 우리나라
부모들은 무조건 최고를 원하는 사람들이 많다.

유대인들만큼 우리나라 부모들의 조기교육 열풍은 대단하다.
하지만 모든 관심이 학과 공부에만 집중돼 잘못된 모습이 많다.
가장 기본적인 교육을 하지 않고 결과 중심의 교육에만 매달리게
된다.

심각한 문제들은 성적이 부족해서 생기는 것이 아니라 인성의
부족에서 생기는 것들이다. 인성 교육은 평생을 결정하는 중요한
일이다. 어릴 때 가르치지 않으면 나중에 습관이 돼 고치기 힘들다.
성공한 지도층이 나중에 추락하는 것은 모두 잘못된 인성 교육
때문이다.

우리나라 부모들 밑에서 과연 마크 저커버그, 래리 페이지,
스티븐 스필버그 같은 인재들이 탄생할 수 있었을까?

부모가 아이의 모든 면을 통제하고 꼭두각시처럼 조종하면
결국은 자기 절제나 솔선수범, 책임감 등과는 거리가 먼 아이로
자라게 된다. 공부만 잘하면 뭘 해도 괜찮다는 말만큼 자녀를
망치는 최악의 말도 없다.

학교 공부보다 더 중요한 공부들

우리나라 학생들은 세계 각국의 청년들과 비교해보아도 부모에
대한 의존도가 매우 높다. 공부로 1등 하는 아이로 키우는 것은
비교적 쉽다. 어려서부터 주입식 교육을 반복하면서 수동적인
태도를 심어주고 최대한 많은 지식을 전달하면 된다. 하지만
인성이 바르지 못하고 자유롭고 독특한 발상을 하지 못한다면
아무리 많은 지식을 갖고 있다 해도 미래에는 소용없다.

유대인 부모들이 가장 중요하게 생각하는 것은 자녀가 13세
성인식을 치른 이후에는 부모에게 기대지 않고 자립하는 것이다.
성인식 이후에는 돈에 대한 관리도 철저하게 자녀에게 맡긴다.
실생활에서 부딪히는 가장 흔한 문제가 바로 돈과 관련된 것이
많기 때문이다.

학교 공부가 사회적 성공으로 이어진다는 보장을 할 수가 없다.
사회 속에서 만나는 인생의 문제는 아주 복잡하고 다양하기

때문이다. 그런데 왜 우리나라 부모는 학교 공부만을 진짜
공부라고 착각하고 있을까? 학교에서 하는 공부는 진짜 공부를
하기 위해 기초 작업에 불과하다. 고작 중학생 정도 되는 유대인
청소년들이 주식 정보에 훤한 것과는 달리 우리나라는 대학생,
심지어 사회 초년생들조차 돈을 제대로 관리할 줄 모른다.

　우리나라는 학교나 가정에서 돈의 사용을 비롯해 경제지식이나
사회생활 전반에 대한 지식을 너무 가르치지 않는다. 몸만 성숙한
'어른아이'나 '헛똑똑이'들이 우리 사회에 많을 수밖에 없는
이유이다.

내 아이에게
'엄친아', '엄친딸'은 필요 없다

남과 비교하지 마라! 하물며 형제하고도!

"형제의 개성을 비교하면 모두 살릴 수 있지만, 형제의 머리를 비교하면 모두 죽인다."

탈무드에 나오는 말이다.

유대인은 자녀를 대체로 다른 집 아이와 비교하지 않는다. 우리처럼 '엄친아'나 '엄친딸'이란 개념이 없다. 아이들은 각자 발달단계와 관심분야 그리고 재능이 다르므로 공부라는 똑같은 잣대로 아이들을 판단하고 비교하는 것은 옳지 않다고 생각한다. 유대인 부모는 아이 하나하나를 하나의 인격체로 인정하며 존중한다.

우리는 어떤가? 지금도 우리 아이를 다른 아이와 비교하고 있진 않은가?

우리나라에서 '남과 다르게 되라!'라고 가르치는 부모는 매우 드문 것 같다. 누구나 다 가는 안전한 길을 선호하고, 일류대학을 나와 탄탄한 직장으로 직행하는 것을 성공의 지름길로 보고 있기 때문이다. 그 결과 우리나라 엄마들은 아이가 대여섯 살만 되어도 어느 대학을 보내고 장래 직업을 무엇으로 할지에 대해 원대한 계획을 세운다. 그리고 주문한다. '남들보다'를. 그런 경우 아이의 특성보다는 부모의 욕심과 기대가 앞서는 경우가 대부분이다.

비교하는 대신 아이의 재능을 찾아주어라

아이의 개성을 찾아주는 것은 유대인 부모의 중요한 의무이다.
어떤 것을 새로 시작하고 배울 때는, 아이 스스로 배우고 싶다는 동기가 분명하고 그것을 배우면서 즐겁고 행복해야 한다는 게 공통된 생각이다.
유대인은 언어나 예능 분야에서의 조기 재능교육보다 조기 인성교육을 더 중요시 여긴다. 아이들에게 좋은 성격, 좋은 습관, 바른 예절을 갖추도록 어려서부터 분명하게 가르치는 것이 기본적인 조기교육이라고 생각하는 것이다. 그리고 각자의 재능을 살려주는 교육을 강조한다. 자신의 아이가 어떤 고정적인 틀에 맞추어 다른 아이들과 똑같이 행동하는 것을 바라지 않는다. 왜냐하면, 아이가 자기만의 재능을 갖고 자라면 그것만으로 아이의

일생이 풍요로워질 뿐만 아니라, 다른 사람과 함께 사회에서
공존하면서 평화롭게 살 수 있기 때문이다.

　그래서 유대인 어머니는 친척이나 주변에 아는 사람의 자녀가
일류대학에 진학했다고 해서, 자기 자식의 적성과 성적에 상관없이
무조건 그 학교에 진학하라고 강요하지 않는다. 적성에 가장
잘 맞는 전공을 찾아 즐겁게 배우고 능력을 기른 후, 사회에 나가
자신의 분야에서 최고가 되라고 한다.

아무도 모르는 미래를
누구는 예측까지 한다

미래 교육은 사회가 어떻게 변하는지를 읽고, 이해하는
것에서부터 시작한다.

미래는 갑자기 나타나는 것이 아니라 현재 일어나는 일에서
충분히 실마리를 찾을 수 있다. 미래지향적인 사람은 자신이 접한
정보를 그냥 흘려보내지 않고 유의미한 정보들을 축적하고
실험하는 것을 즐긴다. 이렇게 모인 정보를 바탕으로 미래의
변화상을 예측한다. 퍼즐을 맞추듯 도출된 이 변화상에 근접하기
위해서 준비를 하다 보면 제대로 된 경쟁력을 가질 수 있다.

교육 분야에도 4차 산업혁명이라는 파도가 밀려들고 있다.
그 엄청난 양과 힘 때문에 기존 교육 방식이나 시스템은 뿌리부터
흔들릴 수밖에 없다. 굳건하지 못하고, 쓸모없는 것들일수록
그 거센 물결에 쉽게 휩쓸려 사라질 것이다.

이 책을 읽고 나면 '미래를 대비하는 교육의 모습'을 이미 어느
정도는 예측할 수 있을 것이다. '남들보다 더'의 엘리트 교육이나

'남들만큼'의 정형화된 교육 시스템이나 방법은 더 이상 쓸모가 없어진 폐기물이라는 것을 알게 되었다.

'남들과 다른' 인재들을 키우기 위한 '창의성 교육', 평생 몇 개의 직업을 가지고, 긴 수명을 살아가는 미래의 사람들이 죽을 때까지 배우고 또 배우는 '평생교육', 온라인 환경에서 원하는 대학의 적성이 맞는 공부를 자유자재로 할 수 있는 시스템인 '사이버대학'과 '적시학습', 초연결 세상의 이동성 강화로 더욱 필요해지는 '세계시민 교육', 영상과 인터넷게임 등 이미지에 친숙한 Z세대를 위한 '통섭교육' 등 우리가 관심을 기울여야 할 것들이 정말 많다. 그런데 단순히 알고 있다는 것에서 끝나서는 안 된다. 이 변화를 제대로 받아들일 때까지 교육 당국과 학교, 학부모들이 모두 함께 부지런히 움직여야 한다.

교육 당국은 선진국에서 이뤄지고 있는 미래형 교육 방법이나 시스템을 소개하거나 도입하는 데 앞장서야 한다. 학교는 일방적이고 후진적인 교수법, 교구, 교재를 버려야 한다. 학부모들은 자신의 기대나 꿈에 맞춰 자녀의 재능과 적성을 재단하지 말아야 한다. 미래에 각광받을 인재들은 어떤 능력을 갖춰야 하는지, 어떤 직업들이 보람되고 가치 있을 것인지에 대한 정보를 끊임없이 아이들에게 소개해 주어야 한다.

이 책에 담긴 '미래'들이 책을 읽는 동안 이미 '현재'이거나 '과거'의 것이 되었을 수도 있다. 실시간 업데이트된 '미래'를 만나고 싶다면 어떻게 해야 할까? 아주 쉽고도 간단하다. 이 책을 덮는 동시에 당장 오늘부터 미래를 다룬 뉴스와 다큐멘터리를 찾아나서야 한다.

우리 아이 이렇게 키웠어요!

1. 자가용에 태워 등하교시키지 마라!

우리나라의 많은 부모들에게는 자녀들을 자동차에 태워 등하교를 시키는 것도 모자라 학원까지 데려다주는 것이 일상화되어 있다. 심지어는 다 큰 대학생 자녀를 소개팅 하는 장소까지도 태워다 주는 부모도 있다고 한다. 이것은 우리의 자녀를 나약하게 만드는 매우 잘못된 행동이라고 생각한다. 편리한 대중교통으로도 충분히 갈 수 있는 짧은 거리를 자가용을 태워 편하게 다니게 만드는 것은 아이들을 작은 어려움에도 쉽게 지치고 굴복하는 나약한 사람으로 만들 수 있기 때문이다. 게다가 대중교통을 이용해야 사람들 속에서 자리하는 것을 낯설어하지 않게 된다. 아이들이 대중교통을 이용하면 다른 사람들의 일상사를 엿보면서 세상을 사는 나름의 방법을 배울 수 있다. 그리고 작지만 돈을 쓰는 습관을 통해 금전 관리를 할 수도 있고, 자투리 시간을 활용하여 뭔가를 할 수 있어

시간의 소중함도 배울 수 있다. 자가용에서 여유롭게 간다고 해서
공부를 더 많이 하는 것은 절대 아니다.

2. 우산을 들고 학교 앞에서 기다리지 마라!

솔직히 그날 신문이나 뉴스만 꼼꼼히 챙겨 보면 알 수 있는 것이
날씨다. 나는 내 아이가 학교에 우산을 잊어 먹고 가져가지
않았더라도 절대로 교문 앞까지 엄마가 우산을 들고 마중 나가지
못하게 했다. 앞날을 예측하고 준비하는 일은 일상에서도
중요하다는 것을 아이가 스스로 알게 하고 싶었다. 만약 비가
오는데 우산이 없다면? 허둥거리는 대신 나는 내 아이가 넉살을
부리며 친구들의 우산을 같이 쓰고 오거나 누군가에게 우산을
빌리는 것을 보고 싶었다. 다른 친구들과의 인간관계가 얼마나
중요한지, 다른 이와 도움을 주고받는 기쁨을 알게 하고 싶었다.
그리고 예고 없이 갑작스럽게 닥치는 변수들에 대처하는 능력도
아이에게 키워줄 수 있을 거라 생각했다.

3. 공부는 자기가 주도해서 하게 하라!

공부에 관해서 나는 가능하면 내 아이들에게 자신들의 고유
영역으로 인정하고 책임과 권한을 주려고 노력했다. 권한이 있어야
책임감도 느끼는 것이다. 자신이 어떤 과목에 강하고 취약한지를
분석하는 능력, 선후와 경중을 따져 공부 과목을 재빨리 정하는
판단력, 시간 관리 등을 자기 주도로 스스로 하게 했다. 설령
점수가 생각보다 잘 나오지 않더라도 질책하지 않았다. 왜냐하면

내 아이의 성적 하락을 걱정할 사람은 내가 아니라 바로 내 아이 자기 자신이라고 생각했기 때문이다. 나는 내 아이들이 자신이 결정하고 실행하는 것에 대한 무거운 책임감을 스스로 느끼기를 바랐다.

4. 문제 해결 능력을 기르게 하라!

아이들에게 공부 이외의 상황에서도 나는 늘 한 발 물러나 있었다. 그것은 단순한 방관과는 다른 것이었다. 부모가 쉽게 정답을 찾아주는 것이 아이들에게 독이 된다는 것을 깨달았다. 아직 중학생이었지만 곧 교환학생으로 미국에 나가 살아야 하고, 성인이 되어도 혼자 대학에 다니고 취업을 하고 살아야 하며, 언젠가 결혼을 통해 또 다른 이들과 관계를 맺어 살아가는 아이들에게 부모가 찾아주는 정답이 무슨 소용이 있을까라는 생각이 들었다. 그리고 역시나 아이들의 자생력은 뛰어났다. 물론 어처구니없이 미숙하게 처리한 적도 몇 번은 있었지만 대부분은 내가 기대하는 것 이상으로 훌륭하고 깔끔하게 문제를 해결하는 모습을 보고 뿌듯한 마음을 느꼈다.

5. 말보다 행동과 체험으로 가르쳐라!

'책을 읽어라!', '돈을 절약하라!', '부모님께 효도하라!' 등등.
열 마디 말보다 한 번의 행동이 효과적일 때가 있다. 부모 스스로 책 한 권 읽지 않는데 자녀가 책을 가까이하는 습관을 지닐 수는 없다.

나는 책이나 신문 읽는 것을 즐기는 편이다. 그리고 늘 이 모습을 아이들한테 자연스럽게 보여주는 편이었다. 내가 거실 식탁에서 책을 읽을 때 우리 아이들이 자신의 책을 가져와서 내 곁에서 읽는 일은 우리 집에서는 낯선 풍경이 아니었다. 돈 역시 내가 계획성 있게 쓰는 것을 보여주니 아이들이 충동적으로 뭔가를 산다든지 과한 가격의 물건을 사기 위해 떼를 쓰는 일이 일어나지 않았다. 나와 아내는 효도를 '말'로 가르치지 않았다. 나와 아내는 늘 시간이 날 때마다 부모님께 자주 안부를 여쭙고, 찾아가 살펴드렸다. 언젠가 이 모든 것이 내 아이들 세대에서도 자연스럽게 반복될 것이라고 믿었다.

어떤 직업이 있고, 무슨 일을 하며, 어떻게 그 직장을 다닐 수 있는지 말이나 글로 정보를 알려주는 것도 좋지만, 아이들에게 직접적인 직업 체험의 기회를 주기 위해 많이 노력했다.

내가 일하는 방송사나 다른 사람들의 직장에 데려가 보여주는 등 견문을 넓힐 수 있도록 했다. 여행을 가면 우리나라 사람들은 관광지 위주로 찾아가는 경우가 많지만 우리 부부는 우리가 가는 지역의 기업 생산 현장도 가능한 한 방문하려고 노력했다. 예를 들면 경주에 갈 일이 있으면 근처에 있는 포항제철, 홍천 스키장에 갈 경우 하이트 맥주공장에 가보는 식이었다. 기업체마다 홍보를 위해 견학 프로그램이 많이 갖춰져 있다. 이를 잘 활용하는 것이 중요하다. 실제로 접하는 우리나라의 '생산현장'은 책에서 보는 것보다 훨씬 더 생생하고 자녀의 미래 직업선택에도 실질적인 도움을 준다.

6. 공부의 필요성을 스스로 느끼게 하라!

시켜서 하는 일은 매우 어렵다. 듣는 사람도, 시키는 사람도 힘이 들어 괴롭다. 가장 좋은 것은 스스로 알아서 하는 것이다. 공부 역시 백날 공부를 하라고 부모로부터 듣는 것보다 왜 그렇게 공부를 해야 하는지를 자신 스스로 인정하게 되면 그다음은 저절로 이뤄지게 된다. 아이들을 데리고 대학교 도서관에 자주 갔다. 먼저 상급학교에 간 선배들이 얼마나 치열하게 공부하는지를 보게 했다. 비록 내가 영문학을 전공했고, 미국에서 공부를 했던 사람이지만 나는 억지로 아이들에게 영어를 공부시키지 않았다. 그렇지만 그 필요성을 꼭 알려주는 다른 방법은 얼마든지 있었다. 가령 해외여행을 가면 아이들에게 음식 주문을 하도록 시켰다. 자신들이 원하는 현지 음식을 주문해야 하는데 영어로 의사소통이 원활하지 못해 못 먹게 되었을 때 느끼는 절실함은 더 클 수밖에 없다.

아이들과 함께 크루즈 여행을 한 적이 있었다. 크루즈 선박 내부를 자세하게 투어를 하는 프로그램이 있었는데 그때 배를 둘러보면서도 아이들은 많은 것을 느낄 수 있었다.

밝고 쾌적한 선상에서 사람들을 접대하는 일을 하는 필리핀 사람들과 엔진 열기로 공기가 탁하고 햇볕도 들지 않는 배의 지하에서 땀을 흘리며 세탁과 다림질을 하는 인도네시아 사람들을 보면서 아이들은 충격을 받았다. 그들의 처지가 단지 '영어 능력' 하나 때문에 달라진 것을 안 아이들은 스스로 영어를 공부하기 시작했다.

7. 하루에 밥 한 끼는 같이 하고 늘 대화하라!

유대인 부모들이 밥상머리 교육을 중시했듯이 나 역시 아이들과 하루 한 끼는 반드시 같이 하려고 노력했다. 가능하면 아침 식사만은 아이들과 함께 하는 것을 지키려고 했는데 나에게도, 아이들에게도 이 시간은 매우 소중했기 때문이다.

일어나 가장 먼저 신문을 읽은 나는 아이들이 모이기 전 아내와 함께 아침 식탁을 준비하면서 많은 대화를 나누었다. 내가 모르는 소소한 일상을 아내와 공유하는 것이 끝나면 아이들이 식탁으로 오는데 그때부터 나는 아이들과 밥을 먹으면서 대화를 하기 시작했다. 대화 주제는 아내에게서 들은 아이들의 교우관계, 학교생활이나 공부 등 일상에 관한 것에서부터 그날 신문에 나온 기사 등 폭넓은 것이었다. 사람들의 세상 사는 이야기, 사건 사고, 경제 뉴스 등 이야기 주제는 늘 마르지 않고 풍성했다. 아이들의 의견을 경청하고 내 의견을 말해주는 아침 식사 시간은 나와 우리 아이들의 감성과 지성 그리고 세상에 대한 이해력을 높이는 양질의 수업시간이었다고 생각한다.

8. 긍정의 힘을 전파하라!

아이들이 만 15세가 넘었을 때 미국인 가정으로 홈스테이 유학을 보낸 나는 이후 수시로 아이들에게 메일을 썼다. 그리고 그 메일 말미에 꼭 우리 부부는 "넌 잘 될 거야! 하나님이 언제나 널 지켜줄 거야!"라고 말을 덧붙였다.

우리 부부가 가진 긍정적인 삶의 태도가 아이들에게 좋은 영향을

많이 미쳤다고 생각한다. 사실 어릴 때부터 아이들에게 영어를
가르쳤다고 해도 미국에 나갈 당시 중학생이었던 아이들의 영어
능력은 딱 우리나라 중학생 수준 그 이상도 그 이하도 아니었다.

하지만 기대 이상으로 아이들은 잘 적응을 해 나갔다. 늘 부모가
자신들에게 관심의 끈을 놓지 않고 기도를 해주고 잘될 거라고
믿어주는 말들이 타국에서 버틸 수 있게 한 큰 원동력이 되었다고
훗날 딸과 아들이 내게 고백한 적이 있었다.

9. 직접 화법보다는 간접 화법을 써라!

좋은 소리도 여러 번 반복하면 듣기 싫은 법이다. 하물며
당부하고, 지시하는 말은 더 말해 무엇하랴! 나는 아이들에게
원하는 바를 직접 말한 적이 별로 없었다. 그렇지만 내심 말하고
싶은 것들이 많았다. 그럴 때는 간접적으로 말했다. 바로 하나님께
드리는 기도의 말씀으로. 밥 먹기 전 나는 "아이들이 공부를 하면서
많은 것을 깨닫게 해 주세요!", "이렇게 배운 것들을 남을 위해
사용하게 해 주세요!", "귀한 쓰임을 받는 사람이 되게 해
주세요!"라고 기도를 드렸다.

나중에 딸이 내게 말했다. 만약에 나와 아내가 뭔가를 강요를
했다면 욱—하고 반항을 한 번쯤은 했을지도 모르는데 너무도
엄마와 아빠가 자연스럽게 한 기도들이 자신들의 마음속에
가랑비처럼 스며들었다고…. 직접 화법을 써서 자녀들과 충돌하는
분들이라면 이렇게 한번 해 보시라! 정말 기적이 일어날 것이다.

10. 자녀의 '퍼플 트리'를 소중히 여겨라!

이 세상에 '퍼플 트리Purple tree'가 있을까? 보라색 나무? 내 딸이 노트르담 대학에 입학했을 때 대학에서 신입생 학부모들에게 보내온 뉴스레터에 소개된 이야기이다.

보라색 나무는 그 어디에도 존재하지 않는 상상의 나무일 것이다. 하지만 다섯 살 유치원 어린이가 이 보라색 나무를 하얀 도화지에 그렸을 때 부모들은 어떻게 반응할까? 대부분 "정말 네 상상력은 뛰어나다고, 너는 참 창의적인 아이"라고 호들갑을 떨고 뺨에 뽀뽀를 해 주었을 것이다. 그리고 보라색 나무 그림을 버리는 것도 아까워하면서 아마도 냉장고 같은 곳에 붙여놓을지도 모르겠다.

하지만 아이가 자라 중·고등학생이 되었을 때 어떻게 부모들은 반응을 할까? 이미 이런 형편없는 그림을 그릴 나이는 지났다고, 허튼짓은 그만하라고, 이제는 세상의 프레임 속에 존재할 만한 현실적인 것들을 추구하라고 야단을 칠 것이다.

다섯 살에는 보라색 나무가 가능한데 스무 살에는 왜 보라색 나무가 불가능한 것이 되어야 한다고 생각하는가? 이 모든 것들도 고정된 프레임에 갇힌 부모들의 편견일 뿐이고, 여전히 스무 살에도 그 아이의 창의성은 존중받아야 한다는 것을 이 '퍼플 트리' 이야기를 통해 전해주고 있다. 직관적이고 창의적인 인재들이 존중받는 미래사회에서 살아남기 위해서 이 보라색 나무의 작은 싹을 짓밟는 부모가 되지 않기를 바란다.

11. 부모의 어려움을 이야기하라!

우리나라 부모들은 자신들의 어려움과 경제적 상황을 자식들에게 얘기하는 것을 꺼려하는 경향이 있다. 아마도 부모로서의 권위를 스스로 무너뜨리기가 싫거나 괜히 자식들을 걱정시키기 싫다는 이유에서일 것이다. 하지만 이는 잘못된 것이다. 가족은 운명공동체다. 부모가 부모의 역할을 하는 데 어려움이 있다면 그 그늘에서 보호를 받는 자녀들에게 언젠가는 그 여파가 미치기 때문이다. 자생력이 없던 아이들이 갑작스럽게 부모의 부재나 경제적 어려움에 처하는 것보다는 미리미리 상황을 알려서 준비를 시키는 것이 훨씬 낫다.

나는 수시로 내가 겪는 사회생활의 어려움이나 경제적인 상황 등에 대해 아이들과 이야기를 나누었다. 특히 부모가 자신의 사회생활의 다양한 내용을 이야기하는 것은 자녀가 예비 사회인으로서 준비를 하는 데에 많은 도움을 줄 수도 있다.

예를 들어 회사 일을 하면서 만난 여러 부류의 사람들에 대한 이야기를 아이들한테 많이 해 주었다. 상사에게 야단을 맞거나 아랫사람이 제대로 말을 듣지 않아 힘들다는 이야기도 가감 없이 했다. 사회생활이라는 것이 어떤지, 조직 안에서 상사와 부하직원의 관계와 역할에 대해 미리미리 교육을 시키는 것이라고 생각하면서 이야기를 했다. 실제로 딸과 아들이 미국에서 직장생활을 하면서 과거에 나한테서 들었던 다양한 조직생활, 인간군상, 인간관계 이야기들이 많은 도움이 되었다고 한다.

12. 자녀의 경제 감각을 길러줘라!

유대인 부모들은 어릴 때부터 자녀들에게 경제 마인드를 심어준다. 대조적으로 우리나라 부모들은 자식들에게 돈 얘기를 하는 것을 금기시하는 경우가 많다. 하지만 이는 잘못된 것이다. 미국의 중·고등학교 학생들은 우리나라 학생들처럼 돈의 소중함에 대해 무지하지 않다. 미국의 고교생 정도면 대체로 자기 힘으로 돈을 벌어본 경험들을 갖고 있다.

미국의 고등학교 졸업반 학생들은 고민이 3가지가 있다고 한다.

첫 번째. 집 근처에 있는 주립대학에 갈 것인가? 더 먼 지역의 대학에 진학할 것인가?

두 번째. 대학 등록금을 대출을 받을 것인가, 부모에게 원조를 받을 것인가, 아니면 아르바이트를 해서 벌 것인가?

세 번째. 대학에 가는데 나 혼자 갈 것인가, 아니면 여자 친구와 같이 갈 것인가?

모두 경제적인 부분과 관련이 된 선택들이다. 하지만 우리네 부모들은 어떤가? 아이들에게 대학 등록금은 걱정 말고 넌 공부만 하라고 말한다. 이것은 매우 잘못된 것이다. 성인으로서의 대우도 아니다. 이렇게 경제적인 마인드도 없고 돈에 대한 자생력이 없는 한국의 학생들이 유대인이나 미국인 학생들과 경쟁을 하면 누가 더 책임있는 어른이 될지는 자명하다.

나는 아이들에게 경제적인 감각을 심어주기 위해서 종종 신문에 보도된 내용과 연결된 경제교육들을 자연스럽게 많이 시켰다.

"금리가 오른다고 하는데 주식을 사야 할까? 팔아야 할까?"
"주 5일제가 되면 어느 회사 주식이 오를까?"

부모가 얼마나 힘들게 돈을 버는지에 대해서도 알아야 한다면서
아내가 제안해 '월급봉투 전달식'이라는 것도 했다. 딸과 아들을
세운 후, 내가 월급명세서를 아내에게 주면 아이들과 아내가 내게
'아빠, 고생하셨습니다.', '잘 쓰겠습니다.'라고 인사를 했다. 부모가
얼마나 열심히 벌었는지 그 고마움을 알게 하기 위해서였다.

학원비도 아이들에게 내역을 공개하면서 아이들이 체감할 만한
실물 경제상 금액으로 환산(1회당 학원 수업료가 치킨 1마리 값 또는 자장면
3그릇 값에 해당된다는 식으로)해서 그만큼 값어치의 질문을 학원
선생님께 충분히 했냐고 물어보곤 했다.

대학 졸업 이후에는 아이들이 자립을 해야 한다는 말도 수시로
했다. 부모가 자녀의 교육비를 감당하는 것이 아주 당연하고
자연적인 자식의 권리가 아니라 부모의 희생과 사랑이 깃든
헌신이라는 것을 가르치려고 노력했다.

13. 다양한 선택지를 보여주되 선택은 자녀의 몫으로!

나는 미국에 있는 아이들에게 때때로 내가 감명 깊게 읽은 책의
글귀나 신문 인터뷰 글 등을 퍼서 메일로 전달을 하곤 했다. 다양한
사람들의 성공과 실패 사례를 알려 주기도 했다. 내가 먼저 세상을
살아왔고 그나마 다양한 인간군상을 겪은 선배로서 많은 선택지를
보여주기 위해 노력했다. 하지만 항상 마지막에는 이렇게 말했다.

"선택은 네가 하는 거야, 책임도 네가 져야 하고!"

여러 선택지를 보여줄 의무가 있되 자녀들의 '선택권'을 빼앗을
권리는 없다. 아이들에게 자율을 주지 않고 멋대로 결정을
해 버리는 부모에게는 '결정장애아'들이 자라날 수밖에 없다.
대학에 들어가서도 수강신청도 못하고, 의대생이 자기 전공과목도
결정하지 못하는 어이없는 일이 발생하는 것이다.

어릴 때부터 자녀들이 본인의 선택을 결정하는 것을
존중해주어야 한다. 나는 중학교 때부터 엄마가 짜주는 학원
스케줄이 아니라 자신들이 선택하는 학원과 그 스케줄에 따르도록
했다. 어디에 있는 학원을 갈 것인지, 학원비는 얼마인지, 어떤
과목을 배울 것인지를 아이들이 스스로 결정하게 했다.

스스로 결정하게 하는 것은 자녀들에게 세상을 살아가는 엄청난
내공을 선사한다. 중학교 1학년 아들과 둘이서 일본 도쿄 여행을
간 적이 있었다. '밤도깨비 여행'이라는 타이틀의 상품이었다. 나는
아들에게 티켓을 구매하고, 일정에 맞게 여행 동선을 짜고, 예산
범위 내 음식점을 찾는 일을 일임했다.
내 예상보다도 훨씬 더 훌륭하게 그 모든 것을 아들은 홀로
수행했다. 이렇게 자녀 스스로 경험한 것은 기억에 오래 남는
법이다. 어린 나이에 국내외 여행 계획을 자녀 스스로 짜보게 하는
것도 훌륭한 공부가 될 수 있다. 친구들끼리 보내든지 부모가
따라가되 모든 의사결정을 자녀에게 전담시키는 방법으로 여행을
한 번 하고 나면 엄청나게 성숙하고 의젓한 자녀의 모습을 보게 될

것이다.

딸과 아들이 대학을 졸업할 때 내게 했던 말들이 아직도 가슴에 남아 있다.

딸은 "엄마, 아빠! 이렇게 좋은 학교에서 공부할 수 있게 해주셔서 감사해요."라고, 아들은 "엄마, 아빠 말씀대로 했더니 모든 게 다 잘 됐어요, 고맙습니다."라고 말했다. 이 정도면 부모로서 들을 수 있는 최고의 찬사가 아닐까?

사랑하는 딸 진영 그리고 아들 승환!

"건강하고 항상 남을 배려하는 마음이 깊은 아이들로 성장해서 고맙다.

너희들은 엄마 아빠한테는 정말로 귀한 선물이야, 지금까지 잘해왔고 앞으로도 잘 될 거라고 믿어!

예쁜 두 아이들을 낳고 헌신적으로 키워주고 부족한 나를 항상 채워주고 응원하는 내 인생의 동반자 김정애!

미안하고 고맙고 사랑한다. 당신 덕분에 우리 식구 모두 건강하고 행복하게 잘 사는 거야, 당신이 최고야!"

막내딸 정애와 사위를 위해 항상 애쓰시는 장모님, 차승실 여사님! 그리고 하늘나라에서 우리 식구를 지켜주시는 보고 싶은 아버지! 어머니! 그리고 언제 어디서나 우리 가족을 보살펴주시고 바른길로 이끌어 주시는 하나님!

감사합니다! 사랑합니다!

참고도서

조선일보사 [위클리 비즈 영인본]

송은주 [우리는 잘하고 있는 것일까(지구촌 부모들의 미래 교육 트렌드)]

문정화 [유대인의 자녀교육 38]

전성수 [부모라면 유대인처럼 하브루타로 교육하라]

홍익희·조은혜 [13세에 완성되는 유대인 자녀교육]

박기현 [아버지라면 유대인처럼]

박영숙 [2020 미래 교육 보고서]

캐롤 드웩, 정명진 역 [성공의 새로운 심리학]

공병호 [황금의 씨앗을 뿌려라]

린다 그래튼, 조성숙 역 [일의 미래]

트렌즈지 특별취재팀 [10년 후 일의 미래]

토마스 프레이, 이미숙 역 [미래와의 대화]

배규한 [미래사회학: 미래연구와 21세기 설계]

김용호 [세계화 시대의 공력 쌓기]

앤드류 서터, 남상진 역 [더 룰(유태인 3000년, 부와 생존의 불문율)]

다니엘 핑크, 석기용 역 [프리 에이전트의 시대]

다니엘 핑크, 김명철 역 [새로운 미래가 온다]

마빈 토카이어, 이동민 역 [탈무드]

미셸 & 로버트 루트번스타인, 박종성 역 [생각의 탄생]

후지하라 가즈히로, 임해성 역 [완벽하지 않은 스무 살을 위한 진짜공부]

윤종록 [후츠파로 일어서라]

미래의 새로운 일자리를 통해
대한민국에 행복한 에너지가
팡팡팡 샘솟으시기를 기원합니다!

권선복
(도서출판 행복에너지 대표이사, 한국정책학회 운영이사)

이제 대한민국은 본격적인 4차 산업혁명의 길로
접어들었습니다. 4차 산업혁명은 인공 지능과 사물 인터넷,
빅데이터, 모바일 등 첨단 정보통신기술을 바탕으로 한 차세대
산업혁명입니다. 이는 곧 일자리의 변화로 이어집니다. 몇 차례
산업혁명을 겪어오는 과정에서 우리는 각 시대의 주류가 되는
직종의 변화를 보아 왔습니다. 2차 산업혁명이 제조업 중심이었고
3차 산업이 서비스업과 금융업을 중심으로 돌아갔다면,
4차 산업혁명을 맞이한 시대에는 '빅데이터'가 핵심이 될 거라고
합니다.

『4차 산업혁명 시대의 부모가 알아야 할 내 아이의 미래 일자리』는 4차 산업혁명 시대를 살고 있는 우리들이 꼭 필독해야 할 책입니다. 아이들이 4차 산업혁명의 소용돌이 속에서 자신의 적성과 능력을 잘 살려 일자리를 찾을 수 있게 도움을 주기 위해서는 어른 세대가 잘 이끌어주어야 합니다. 그런 의미에서 이 책은 어렵게 다가올 수 있는 내용들을 우리가 쉽게 접할 수 있는 신문 기사와 사례를 활용하여 쉽게 설명해주고 있으며, 세대 간의 이해를 돕고 앞으로의 길을 제시해 줍니다. 특히 급변하는 시대 흐름 속에서 자녀 교육은 어떻게 해야 하는지 갈피를 잡지 못한 부모들에게 명쾌한 해답을 알려주고 있습니다. 뿐만 아니라 4차 산업혁명에 대해 알고 싶은 청년들에게도 좋은 로드맵을 그려줍니다.

세계는 빠르게 변화하고 있습니다. 하루가 다르게 새로운 기술이 등장하고, 종잡을 수 없을 만큼 시대의 흐름은 빠릅니다. 이런 상황 속에서 우리는 뒤를 따라가기에만 급급하여 중요한 것들을 놓치기도 합니다. 이 책을 통하여 삶의 지혜와 지식을 모두 얻어가시기를 바라오며, 이 책을 읽는 모든 분들의 삶에 행복과 긍정의 에너지가 팡팡팡 샘솟으시기를 기원드립니다.

ADVENTURE & DESTINY

Sally(Sumin) Ahn, Trina Galvez 지음 | 값 13,000원

시집 『ADVENTURE & DESTINY』는 시와 문학에 대해서 깊은 열정을 가지고 꾸준히 창작활동을 계속하고 있는 한 젊은 시인의 문학적 사색과 고뇌를 보여주는 세계로의 모험이라고 할 수 있다. 각 챕터는 영어 원문과 한국어 번역을 모두 포함하여 원문의 느낌과 의미를 온전히 살리는 한편 한국어 독자들에게도 쉽게 접근할 수 있도록 하였다.

무일푼 노숙자 100억 CEO되다

최인규 지음 | 값 15,000원

책 『무일푼 노숙자 100억 CEO 되다』는 "열정이 능력을 이기고 원대한 꿈을 이끈다."는 저자의 한마디로 집약될 만큼 이 시대 '흙수저'로 대표되는 청춘에게 용기를 고하여 성공으로 향하는 길을 제시하고 있다. 100억 매출을 자랑하는 (주)다다오피스의 대표인 저자가 사업을 시작하며 쌓은 노하우와 한때 실수로 겪은 실패담을 비롯해 열정과 도전의 메시지를 모아 한 권의 책으로 엮었다.

정부혁명 4.0 : 따뜻한 공동체, 스마트한 국가

권기헌 지음 | 값 15,000원

이 책은 위기를 맞은 한국 사회를 헤쳐 나가기 위한 청사진을 제안한다. '정치란 무엇인가?' '우리는 무엇이 잘못되었는가?' 로 시작하는 저자의 날카로운 진단과 선진국의 성공사례를 통한 정책분석은 왜 정치라는 수단을 통하여 우리의 문제를 해결해야 하는지를 말한다. 정부3.0을 지나 새롭게 맞이할 정부4.0에 제안하는 정책 아젠다는 우리 사회에 필요한 길잡이가 되어 줄 것이다.

나의 감성 노트

김명수 지음 | 값 15,000원

이 책 『나의 감성 노트』는 30여 년간 의사로서 의술을 펼치며 그중 20여 년을 한자리에서 환자들과 함께한 내과 전문의의 소소한 삶의 기록이다. 삶과 죽음에 대한 겸허한 자세, 인생과 노년에 대한 깊은 성찰, 다양한 인연으로 맺어진 주변 사람들에 대한 따뜻한 시선은 현대 사회를 사는 독자들의 메마른 가슴속에 사람 사는 향기와 따뜻한 감성을 선사할 것이다.

워킹맘을 위한 육아 멘토링

이선정 지음 | 값 15,000원

이 책은 일과 가정을 양립하는 데 어려움을 겪는 워킹맘에게 "당당하고 뻔뻔해지라"는 메시지를 전한다. 30여 년간 워킹맘으로서 직장 생활을 하며 두 아들을 키워온 저자의 경험담과 다양한 사례를 통해 일과 육아의 균형을 유지하는 노하우를 자세히 알려준다. 또한 워킹맘이 당당한 여성, 또 당당한 엄마가 될 수 있도록 응원하고 있다.

늦게 핀 미로에서

김미정 지음 | 값 15,000원

이 책 『늦게 핀 미로에서』는 학위도, 전공도 없지만 음악에 대한 넘치는 열정과 사회에 기여하는 인생이 되고 싶다는 소명감으로 음악치료사의 길에 발 디딘 저자의 이야기를 보여주고 있다. 사회 곳곳의 소외되기 쉬운 사람들과 음악으로 소통하고 마음으로 하나 되며 치유를 통해 발전을 꿈꾸는 저자의 행보는 인생 2막을 준비하는 사람들에게 많은 것을 생각하게 할 것이다.

위대한 도전 100人

도전한국인 지음 | 값 20,000원

이 책은 위대한 도전인을 발굴, 선정, 출판하여 도전정신을 확산시키는 것을 목적으로 도전을 통해 세상을 바꾸어 나간 위대한 인물 100명을 다양한 분야에서 선정하여 그들의 노력과 역경, 극복과 성공을 담았다. 어려운 시대 속에서 이 책은 이 시대를 살아가는 우리 모두의 가슴속에 다시금 '도전'을 키워드로 삼을 수 있도록 도울 것이다.

정동진 여정

조규빈 지음 | 값 13,000원

책 『정동진 여정』은 점점 빛바래면서도 멈추지 않고 휘적휘적 가는 세월을 바라보며 그 기억을 글자로 옮기는 여정에 우리를 초대한다. 추억이 되었다고 그저 놔두기만 하면 망각의 너울을 벗지 못한다. 그러기에 희미해지기 전에 기록할 것을 은근히 전한다. "기록은, 그래서 필요하다"라는 저자의 말은 독자들의 마음에 여운을 남기며 삶의 의미와 기억 속 서정을 찾는 길잡이가 되어 줄 것이다.

하루 5분 나를 바꾸는 긍정훈련
행복에너지

**'긍정훈련'당신의 삶을
행복으로 인도할
최고의, 최후의'멘토'**

'행복에너지
권선복 대표이사'가 전하는
행복과 긍정의 에너지,
그 삶의 이야기!

◆인터파크
자기계발 분야 주간
베스트 1위

권선복 지음 | 15,000원

권선복
도서출판 행복에너지 대표
지에스데이타(주) 대표이사
대통령직속 지역발전위원회
문화복지 전문위원
새마을문고 서울시 강서구 회장
전) 팔팔컴퓨터 전산학원장
전) 강서구의회(도시건설위원장)
아주대학교 공공정책대학원 졸업
충남 논산 출생

책 『하루 5분, 나를 바꾸는 긍정훈련 - 행복에너지』는 '긍정훈련' 과정을 통해 삶을
업그레이드하고 행복을 찾아 나설 것을 독자에게 독려한다.
긍정훈련 과정은[예행연습] [워밍업] [실전] [강화] [숨고르기] [마무리] 등
총 6단계로 나뉘어 각 단계별 사례를 바탕으로 독자 스스로가 느끼고 배운 것을
직접 실천할 수 있게 하는 데 그 목적을 두고 있다.
그동안 우리가 숱하게 '긍정하는 방법'에 대해 배워왔으면서도 정작 삶에
적용시키지 못했던 것은, 머리로만 이해하고 실천으로는 옮기지 않았기 때문이다.
이제 삶을 행복하고 아름답게 가꿀 긍정과의 여정, 그 시작을 책과 함께해 보자.

『하루 5분, 나를 바꾸는 긍정훈련 - 행복에너지』